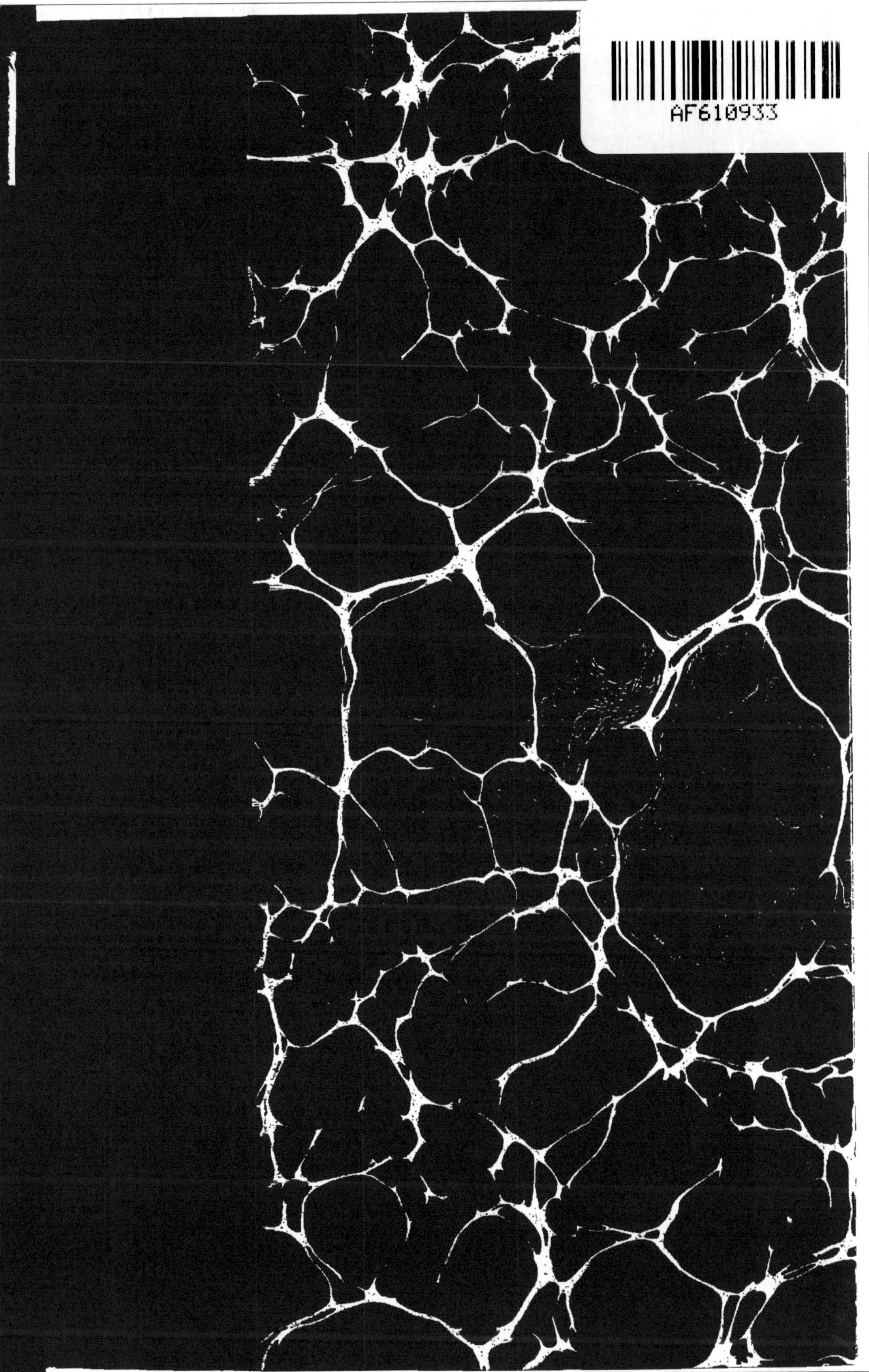

LAURENCHET 1977

LA

HISTOIRE
ANCIENNE,
OU
PREMIÈRE PARTIE
DE
L'HISTOIRE DES HOMMES.

Tome XXV.

HISTOIRE DES HOMMES,

OU

HISTOIRE *NOUVELLE* DE TOUS LES PEUPLES DU MONDE,

PARTIE DE L'HISTOIRE ANCIENNE.

TOME XXV.

A PARIS,

M. DCC. LXXXIV.

Avec Approbation & Privilége du Roi.

HISTOIRE DES EGYPTIENS SOUS LES PTOLEMÉES.

Nous avons laiſſé les Egyptiens ſans nerf & ſans caractere, du moment que Cambyſe les a ſubjugués, baiſer humblement la verge du deſpotiſme qui les flétrit, ou ſi l'inertie des Sultans de la Perſe favoriſe leur révolte, ſe battre ſans ſuccès, avec les débris de leurs chaînes, contre les tyrans qui les oppriment. A la mort d'Alexandre, le monde comprimé par le génie de ce conquérant, réagit contre ſa famille infortunée; alors tous les peuples qui ſe ſentirent quelque énergie, tenterent d'être libres, & le furent. L'Egypte condamnée, par la nature de ſon climat, par ſes mœurs & par ſa religion, à être toujours esclave, n'osa ni secouer le joug de ses maîtres, ni s'en donner un de son choix. Le Gouverneur qu'Alexandre lui avait donné avait les priviléges de Souverain pendant la vie du Héros, & il y joignit le titre, quand cet homme célèbre ne fut plus. On ne voit point dans l'Histoire que ce Gouverneur devenu Roi, ait consulté sa Nation, qu'il lui ait demandé le droit de la gouverner, qu'il ait transigé avec la faible postérité des Pharaons, qu'il dépouillait de leur héritage. Il régna, parce qu'il avait servi sous le vainqueur de l'Asie, & encore plus, parce qu'il avait trente mille soldats, à récompenser de leurs brigandages.

Heureusement cet usurpateur était né avec du génie & le germe de quelques vertus. L'Egypte qui ne savait point être à elle-même, commença à respirer, quand elle fut à un Prince dont l'ambition satisfaite chercha à se reposer sur des idées de gloire légitime. Elle vit avec transport le sceptre se propager dans sa famille, & ne ſoupçonnant pas que de la race du père des Peuples, il pût naître des tyrans, tranquille ſur le calme perfide dont elle jouiſſait à l'ombre du pouvoir abſolu, elle ſourit dédaigneuſement ſur la liberté orageuſe des Républiques.

Ajoutons (car il faut être juſtes) que la civiliſation fit de grands progrès en Egypte ſous les Ptolemées. L'influence du ſiècle de Periclès ſe fit ſentir des fanges du Delta juſqu'aux déſerts de la Thébaïde. Alexandrie, la Métropole de la nouvelle Monarchie, ſe créa une marine, & intercepta le commerce des deux mers, les mœurs s'adoucirent, des monumens érigés par le goût ſuccéderent à ces pyramides barbares, qui ne ſervaient qu'à écraſer le ſol où elles étaient aſſiſes. Une bibliothèque ſuperbe devint le foyer des lumieres éparſes en Europe & en Aſie, & ſans Rome qui vint engloutir l'Egypte dans ſes vaſtes conquêtes, peut-être qu'Alexandrie aurait remplacé Athènes, ſi cependant quelque ville peut remplacer Athènes dans la mémoire des hommes.

Avant de voir fonder cette Monarchie brillante des Ptolemées, étudions-en le germe, un moment, dans le démembrement de l'Empire d'Alexandre, & dans le désastre de sa famille.

PARTAGE
DE L'EMPIRE
D'ALEXANDRE (1).

IL a fallu à Rome ſept cents ans de vertus & de victoires, pour ſe dire la capitale du monde connu. Alexandre ne pouvait donc faire qu'un rêve brillant, quand il voulut en dix ans de conquêtes fonder une Monarchie univerſelle : auſſi ce coloſſe énorme, que ſon génie avait élevé, malgré ſa tête d'or, ne ſe trouva avoir que des pieds d'argile. Le Héros avait voulu que la terre entiere n'obéît qu'à un ſeul homme, & à ſa mort toutes ſes con-

(1) *Diod. Sicul.* lib. 17, 18 & 20; *Juſtin.* lib. 13 & 15; *Quint. Curt.* lib. 10; *Plutarch.* in Alexandro. Les mêmes Ecrivains nous ſerviront de guide pour les chapitres ſuivans.

quêtes furent diviſées; il laiſſait des héritiers naturels de ſes Etats, & ce furent des ſoldats heureux qui ſe partagèrent ſon héritage.

Ce Conquérant ſi terrible pendant ſa vie, même à ſes amis, devint pour eux, quand il ne fut plus, un tel objet d'indifférence, qu'on ſongeait à peine à lui rendre ces vains honneurs funèbres, que perſonne ne refuſe au vulgaire des Rois. Son corps fut ſept jours ſans être enſeveli, malgré les miaſmes putrides que le ciel brûlant de la Chaldée pouvait développer, & ce ne fut qu'au bout de cet intervalle qu'on le fit embaumer par les Egyptiens, & tranſporter à Alexandrie.

Les Généraux du Conquérant ne reſpectèrent pas plus ſa mémoire: on avait trouvé dans ſes regiſtres des eſpèces de diſpoſitions teſtamentaires, & elles furent caſſées; entre autre celle qui ordonnait l'élévation de ſix temples, chacun du prix de cinq cents talens, & la conſtruction d'une pyramide, qui devint, ſoit par ſa masse, soit par la richesse de sa sculpture, une des merveilles du monde.

Quant à un vrai testament, nous avons vu qu'Alexandre n'en avait point fait; il avait refusé de se désigner un successeur; & pour que le genre humain sentît mieux le vuide qu'il laissait sur la terre, il avait désiré que ses *Généraux, les armes à la main, célébrassent ses funérailles.*

Les Généraux d'Alexandre surpassèrent ses espérances; car ils furent vingt ans à célébrer ces funérailles sanglantes, & à se disputer ce monde, que le Héros n'avait été que dix ans à conquérir. Cependant il y avait des héritiers naturels à la nouvelle Monarchie. Alexandre avait eu de Barsine, veuve de Memnon, un fils, alors âgé de neuf ans, qui portait le nom d'Hercule; mais l'ambition de ceux qui comptaient le supplanter ne manqua pas d'élever des nuages sur sa naissance; on déclara que Barsine était née au sein d'une Nation barbare, qu'Alexandre n'avait eu pour elle qu'un de ces goûts passagers que l'yvreſſe de l'amour fait naître, ſans que la raiſon d'Etat les juſtifie, & que n'ayant jamais été déclarée ſolemnellement Reine de Macédoine, ſon fils était illégitime. Les Généraux firent goûter ces raiſons à leurs ſoldats, & les Prêtres corrompus à prix d'argent, aux Etats-Généraux aſſemblés dans Babylone.

Il reſtait un autre compétiteur à l'Empire : c'était un bâtard de Philippe, nommé Aridée, que ce Prince avait eu d'une Courtiſane. Il ſemblait tout ſimple que l'illégitimité de la naiſſance qui avait éloigné Hercule du trône, fût auſſi un titre d'excluſion pour Aridée : mais la logique de l'ambition n'eſt jamais conſéquente. Les Généraux réunis contre tout ce qui pouvait dans la Maiſon Royale leur faire ombrage, mais diviſés entre eux, avaient beſoin d'un fantôme de Roi, qu'ils protégeaſſent contre le mépris des Peuples, juſqu'à ce que le moment vînt de le détruire ſans danger, & ils élurent Aridée pour ſucceſſeur d'Alexandre. Il était impossible de faire un choix qui s'accordât mieux avec les vues secrettes des Electeurs ; outre l'opprobre de la naissance, le bâtard couronné devait à un breuvage que lui avait fait prendre Olympias une stupidité que tout l'art de la Médecine n'avait pu guérir. Il était évident que les rênes du monde ne pourraient être tenues longtemps par les mains tremblantes d'un imbécille, qui avait pour mère une Courtisane, & ce qui aurait éloigné de tous les trônes connus, si la voix libre des Peuples avait été consultée, fut précisément ce qui donna à Aridée le trône d'Alexandre.

Cependant comme on ne croyait pas encore le nouveau Roi assez enchaîné par sa stupidité & par l'illégitimité de sa naissance, on déclara dans le Conseil, que si l'enfant que Roxane portait dans son sein était un Prince, on l'associerait à l'empire. Roxane, fille d'Oxiarte, grand Seigneur de la Bactriane, avait épousé le conquérant de l'Asie, & partageait depuis deux ans le titre de Reine avec Statyra, la fille de

Darius. Le Héros en mourant l'avait laiſſé enceinte de ſix mois, & elle accoucha peu de temps après d'un fils, auquel on donna le nom d'Alexandre Aigus, & qu'on porta dans ſon berceau ſur le trône, où le faible Aridée végétait ſans pouvoir.

Le Roi imbécille & le Roi enfant, avaient également beſoin d'un tuteur; on nomma Perdiccas, le même à qui le Héros mourant avait confié ſon anneau, & on lui donna la régence de la nouvelle Monarchie.

Cependant les Electeurs ne s'oublièrent pas dans le partage de la puiſſance ſuprême; ils ſe firent proroger dans leurs gouvernemens, & y ajouterent tous les départemens qui étaient à leur bienſéance. Arrêtons-nous un moment ſur cette fameuſe mutilation de l'empire d'Alexandre. Un tel tableau, tout aride qu'il eſt, eſt néceſſaire à l'intelligence de cette partie de l'hiſtoire des hommes.

Les armes victorieuſes d'Alexandre n'avaient pas pénétré dans l'Europe; le

Héros ne possédait de cette belle partie du globe, que son extrémité orientale, c'est-à-dire la Grece, l'Epire & la Macédoine; Antigone en fut fait Vice-Roi; on n'en démembra que la Chersonnèse de Thrace, qu'on laissa en appanage à Lysimaque.

L'Asie Mineure se trouva, suivant la nouvelle ligne de démarcation, singulièrement morcelée. On donna la Lycie, la Pamphylie & la grande Phrygie à Antigone; la Carie à Cassandre, la Lydie à Ménandre, le pays qui s'étend du mont Taurus à l'Hellespont, à Leonat, l'Arménie à Néoptoleme, la Cilicie à Philotas; & on chargea Eumène d'achever sur le Roi Ariarathe, la conquête de la Paphlagonie & de la Cappadoce.

La Syrie & la Phénicie, devinrent le partage de Laomedon; la Bactriane, celui d'Oxyarte, & la Babylonie celui d'Archon; cependant Babylone, la capitale du nouvel empire, n'entra pas dans l'appanage de ce dernier; on la donna à Séleucus. L'une des deux Medies fut confiée à Perdiccas, & l'autre à Atropates. Arcesilas continua à gouverner la Mésopotamie, Phratapherne la Parthie & l'Hyrcanie, Philippe la Drangiane, & Peuceste la partie de la Perse, proprement dite, où se trouvaient les métropoles de l'empire de Darius.

Python eut la Vice-Royauté des hautes Indes, mais sans inspection sur les états qui avaient été laissés à Taxile & à Porus, par la générosité d'Alexandre.

Tout ce que le Héros avait conquis en Afrique échut à Ptolemée, ce qui comprenait, outre l'ancien royaume des Pharaons, Cyrene, la Lybie, & la partie de l'Arabie qui avoisine l'Egypte.

Des débris de ce vaste empire ainsi morcelé, il se forma trois grands états, qui ne tombèrent qu'avec le reste du monde subjugué par les Romains. C'est la Macédoine, dont Cratere obtint la survivance après Antipater; la Syrie, que conquit le chef des Séleucides, & la nouvelle Monarchie des Ptolemées.

DÉSASTRES
DE LA FAMILLE
D'ALEXANDRE.

PERDICCAS, le plus puiſſant de tous ces Princes, parce que l'enfant Royal de Roxane & l'automate couronné, dont il dirigeait les fils, étaient également entre ſes mains, commença ſa régence par des aſſaſſinats. On avait partagé entre lui, Leonate & Méleagre, un des Capitaines de la Phalange, le commandement de l'armée : ce dernier, dont le génie actif ſurveillait tous les ambitieux, fit ombrage au Régent; & la rivalité le conduiſit bientôt à la méſintelligence. Perdiccas, réſolu de perdre l'ennemi qui dévoilait tous les reſſorts de ſa politique, profita d'un moment où l'armée entière était ſous les armes, afin de célébrer un ſacrifice; accompagné du phantôme du

Roi qu'il traînait à sa suite, il s'avance vers le corps commandé par Méleagre, & demande qu'on lui livre les plus braves des soldats, qu'il appelle les artisans des discordes publiques : trois cents d'entr'eux sont abandonnés à sa haine; à l'instant il les fait attacher les uns aux autres, & exposer aux éléphants, qui les écrasent. Méleagre pressentit un peu tard qu'il n'y avait que la moitié du crime de consommé; il se réfugia dans un temple, & malgré le privilege sacré des asyles, il y fut massacré aux pieds des idoles qu'il tenait embrassées. Après cette boucherie sanglante, Perdiccas, prosterné devant les Dieux de paix, dont il se jouait, ordonna froidement aux Prêtres de commencer le sacrifice.

Le tyran avait feint de servir par son crime la famille d'Alexandre. Bientôt son caractere atroce se développa tout entier; & il employa des crimes non moins grands, à la destruction de cette même famille. Statyra, en qualité d'héritiere naturelle du trône de la Perſe, avait toujours été regardée en Aſie comme la premiere des épouſes d'Alexandre ; on la croyait même enceinte, à la mort du Héros. La vénération qu'on lui portait dans tout l'empire, par cette eſpérance de fécondité, amena ſa perte. Perdiccas, de concert avec Roxane, contrefit une lettre du conquérant de l'Aſie, qui l'appellait à Babylone avec Drypetis, ſa ſœur, veuve d'Epheſtion ; mais à peine les deux Princeſſes parurent-elles dans l'enceinte du palais, que des ſatellites de la tyrannie, les égorgerent, & jetterent leurs cadavres dans un puits, qui fut comblé à l'inſtant, pour anéantir juſqu'à la trace de ce double aſſaſſinat.

Syſigambis, l'ayeule de ces infortunées, n'avait pas attendu l'ordre de Perdiccas pour ceſſer de vivre. A la mort d'Alexandre, elle avait ſenti qu'il ne lui reſtait plus de bien à faire dans la Perſe, & elle avait terminé ſes jours par le ſuicide.

Perdiccas ne tarda pas à ſentir qu'il était l'objet de la haine publique; & pour lui faire diverſion, il mena ſon phantôme du Roi Aridée à la conquête de la Cappadoce. Le ſouverain de cette contrée fut défait & livré à ſon féroce vainqueur, qui, après l'avoir fait écorcher vif avec toute ſa famille, ordonna que les reſtes ſanglants de ſon corps déchiré, fuſſent attachés à une croix.

Le monde opprimé ne fut vengé de ce monſtre que la troiſième année de ſa régence; nous le verrons dans une expédition déſaſtreuſe contre l'Egypte, trahi par ſes propres ſoldats, qui l'inveſtirent dans ſa tente & le maſſacrèrent. Alexandre connaiſſait le caractere atroce de ce guerrier; & quand dans ſon lit de mort il lui remit ſon anneau, il ſongea moins à faire le bonheur de ſes peuples, qu'à être regretté.

Python, le Vice-Roi de l'Inde, obtint, par le crédit de Ptolemée, la régence de l'empire, vacante par la mort de Perdiccas (*a*); mais dégoûté bientôt par les intrigues d'Eurydice, femme d'Aridée, qui voulait gouverner les peuples avec le même despotisme qu'elle gouvernait l'esprit de son stupide époux, il se démit volontairement de son importante dignité, qui fut confiée à Antipater, Vice-Roi de la Macédoine.

Antipater touchait aux bornes de la vie, quand on chargea ses mains chancelantes des rênes de l'empire; il survécut peu à sa nouvelle dignité; mais avant de mourir, il fit une action de générosité qui honore sa mémoire. Ce Prince avait un fils, dont l'ambition inquiète dévorait depuis long-temps l'héritage entier d'Alexandre. Antipater qui soupçonna qu'il ne régnerait que pour

(*a*) Il y a des Historiens qui lui donnent pour collègue un Aridée, qu'on ne connaît dans l'Histoire, que pour avoir présidé à la pompe funèbre d'Alexandre.

lui-même, & non pour ses peuples, trahit son attente, & nomma à la régence Polysperchon.

Polysperchon, le plus ancien des Capitaines d'Alexandre, n'avait ni la férocité de Perdiccas, ni la grandeur d'ame d'Antipater. Il commença sa régence par rendre la liberté à la Grece, ce qui lui valut la bienveillance des Poëtes d'Athènes, de ses Orateurs, & de toutes ces bouches oisives qui dispensent la renommée. Mais la faiblesse qu'il eut de rappeller de l'Epire l'altière Olympias, acheva les désastres de la maison d'Alexandre. Cette Princesse qui avait autrefois empoisonné Aridée, pour le rendre imbécille, indignée de le voir Roi, fit marcher contre lui des troupes, qui s'emparèrent de sa personne & de celle d'Eurydice, son épouse. Cassandre, fils d'Antipater, marcha vainement au secours de ces infortunés; trahi par ses propres soldats, il abandonna à Olympias la destinée de ses victimes.

Olympias ne respecta pas plus la vie du successeur d'Alexandre, qu'elle n'avait respecté sa raison. Elle commença son supplice en le faisant enfermer dans un cachot, qui ne recevait de jour qu'au moyen d'un guichet grillé, par lequel on lui donnait à manger; ensuite quand elle vit que le peuple indigné, menaçait de briser ses chaînes, elle ordonna à des brigands de la Thrace de le tuer à coups de fleches; ce qu'ils exécutèrent.

Eurydice survécut peu à cet attentat. Olympias lui envoya une corde, un poignard & une coupe de cigue, en lui laissant le choix de son supplice. L'infortunée demanda pour dernière grace, de laver le corps sanglant d'Aridée, & après s'être acquitté de ce triste devoir, elle s'étrangla, avec un courage qui attendrit jusqu'à ses bourreaux. Le soir même de cette scène terrible, Nicanor, frère de Cassandre, & cent Macédoniens, qui faisaient ombrage à la politique farouche d'Olympias, périrent par ſes ordres dans divers genres de ſupplices.

Aridée avait régné environ ſept ans, & ſa mort tombe à l'an 1265, de l'ere de Paros, qui répond à la quatrieme année de la cent quinzieme olympiade.

Dans les querelles des Rois, le ſang appelle toujours le ſang; celui d'Aridée cria vengeance dans la Macédoine, & l'obtint. Caſſandre vint aſſiéger Olympias dans Pydna, & la força à ſe rendre à diſcrétion; mais n'oſant s'en défaire d'une maniere trop odieuſe, pour ne point s'aliéner ceux à qui le grand nom de mère d'Alexandre en impoſait encore, il engagea les veuves & les orphelins, que cette Reine cruelle avait faits depuis ſon rappel par Polyſperchon, à l'accuſer devant les états généraux de la Macédoine, & à demander ſon ſupplice; l'arrêt de mort fut en effet prononcé. Caſſandre, qui craignait encore quelque retour de la part d'une nation qui ſe voyait trop bien vengée, fit alors propoſer à ſa victime de s'évader de ſa priſon, & de chercher un asyle dans Athènes ; il lui offrait à cet effet une galère pour l'y transporter. Son projet (car il n'avait que la politique farouche des tyrans) était de faire entr'ouvrir en pleine mer le vaisseau qui la portait, & de publier que le ciel irrité avait puni ses crimes par le naufrage. Olympias soupçonnant le machiavélisme de son ennemi, ou peut-être assez fière pour croire qu'il lui suffisait de sa présence pour calmer l'orage, répondit, qu'elle n'avilirait point par une fuite ignominieuse, la cause des Rois, & demanda à se justifier elle-même devant les états généraux. Cassandre, dans ce moment critique, jetta le voile qui dérobait sa férocité naturelle à tous les regards, & il envoya deux cents soldats pour mettre à mort sa captive. Celle-ci, dont la grandeur d'ame croissait avec ses revers, n'employa, pour fléchir ses bourreaux, aucune voie indigne d'elle ; elle se contenta de lancer sur eux des regards étincelans, & de leur montrer d'un air pathétique le ſein qui avait porté Alexandre : ce geſte éloquent fit ſon effet ſur des cœurs qui n'avaient point encore abjuré la nature, & les ſoldats ſe retirerent ſans être coupables. Caſſandre furieux, envoya à la priſon les pères des guerriers que la Reine avait fait aſſaſſiner, & ceux-ci l'égorgerent. Ainſi périt cette Olympias, qui, fille, ſœur, épouſe & mere de Rois, ne put, par une fin auſſi tragique, exciter autant d'intérêt qu'un Démoſthène par ſon ſuicide, ou un Phocion par ſon ſupplice ; tant ſes vengeances altières avaient éteint la bienveillance générale, tant les crimes de ſa vie effaçaient l'orgueil de ſa mort !

Caſſandre, qui, ſans avoir le génie d'Alexandre, aſpirait à la monarchie univerſelle que le Héros avait commencé à fonder, voyant que l'Aſie & l'Europe gardaient le ſilence de l'indifférence ſur le meurtre d'Olympias, ne s'arrêta pas au milieu de ſa ſanglante carrière. Le fils de Roxane vivait, il avait été reconnu

Roi avec Aridée, & c'était l'unique rejetton légitime du conquérant de l'Aſie. Caſſandre, pour preſſentir le dégré d'intérêt que les peuples portaient à cet héritier de tant de trônes, ſous prétexte de veiller à la ſûreté de ſa perſonne, commença par le faire arrêter avec ſa mere, & conduire dans la citadelle d'Amphipolis : comme la terreur générale étouffait les murmures, le tyran crut qu'il ſerait inique ſans danger, & il dépouilla le fils de Roxane, du titre de Roi, & des honneurs attachés au rang ſuprême. L'indignation publique ſe concentra encore dans les cœurs; alors Caſſandre parvenu au dernier anneau de ſa chaîne de perfidies, envoya l'ordre à Glaucias, de faire mourir le fils d'Alexandre avec ſa mère, & ce double aſſaſſinat fut exécuté.

Polyſperchon, Régent de l'empire, à la nouvelle de ce dernier attentat, ſe réveilla de ſa léthargie; il fit venir de Pergame, Hercule, le fils qu'Alexandre avait eu de Barſine, âgé pour lors de dix-ſept ans, & le mettant à la tête d'une armée, il le montra aux peuples, comme leur derniere eſpérance. Caſſandre effrayé, demanda au Régent une conférence ſecrette; là, déployant les reſſorts de ſa politique cruelle, il fit entendre que la mort d'Hercule importait à la ſûreté de tous les Généraux d'Alexandre. Le faible Polyſperchon crut à la raiſon d'état plus qu'à la vertu, & peu de temps après, Barſine & ſon fils furent poignardés.

Il ne reſtait plus de la maiſon d'Alexandre que Cléopâtre, ſa ſœur, épouſe d'un Roi d'Epire, aux noces duquel Philippe de Macédoine avait été aſſaſſiné; devenue veuve, elle s'était retirée à Sardes, traînant dans l'obſcurité des jours remplis d'amertume, ne prenant part aux affaires publiques que par les larmes que lui faiſait répandre le maſſacre de tous les Princes de ſa famille, & attendant à chaque inſtant que les ſatellites des tyrans lui lussent à elle-même sa sentence. Ptolemée, touchée de son infortune, lui fit proposer un asyle en Egypte; mais Antigone, alors maître de Sardes, soupçonnant la Princesse d'une intelligence criminelle avec le plus dangereux de ses ennemis, la fit arrêter à quelques distances de cette métropole de la Lydie, & ordonna secrétement au Gouverneur de la place, de la faire égorger par les femmes qui la servaient. L'attentat exécuté, le perfide Antigone, pour détourner l'indignation générale, vint dans Sardes faire lui-même le procès aux femmes, que son or avait corrompues, les fit périr sur un échaffaut, & ordonna à sa victime de pompeuses funérailles.

Telle fut la fin tragique des derniers rejettons de la maison Royale d'Alexandre. On voit que le vainqueur de l'Asie, avide d'entasser toutes les couronnes du globe sur sa tête, ne tira d'autres fruits de sa rêverie brillante de Monarchie universelle, que le chagrin de mourir avant l'âge, pressentant le désastre de sa famille, & le démembrement de son empire. Quand la tige brillante de cet arbre qui couvrait un cinquieme du monde connu, se trouva flétri jusque dans ses derniers rameaux, & qu'il ne resta plus d'Alexandre que sa renommée, les Généraux, qui, sous le titre de Gouverneurs, s'étaient appropriés son héritage, prirent le titre de Rois; alors trois maisons souveraines s'éleverent, une Dynastie de Rois de Macédoine, qui n'a d'existence que dans un coin du tableau de l'ancienne Rome; la Dynastie des Ptolemées, & celle des Séleucides.

COMMENCEMENS
DU PREMIER
DES PTOLEMÉES (a).

PTOLEMÉE I, ou Ptolemée Lagus, que l'adulation a désigné sous le nom de *Soter*, qui signifie *Sauveur*, était fils de Philippe de Macédoine, & d'une concubine nommée Arsinoë. Philippe voyant sa Maîtresse enceinte, pour donner un état civil à l'enfant qui en devait naître, la maria (mais sans déclarer sa grossesse) à un Macédonien nommé Lagus. Ce Lagus n'était point un homme de la Cour; il ne se crut point honoré d'être père d'un fils qui ne lui appartenait pas;

(a) *Diod. Sicul.* lib. 17; *Pausanias*, lib. 1, cap. 6; *Justin.* lib. 13 & 15; *Appian*, in Syriac; *Plutarch.* in Demetrio & Pyrho; *Euseb.* in Chronic.

& Arsinoë, délivrée de son fruit, fut contrainte de l'exposer dans un désert sur un bouclier, qui lui tenait lieu de berceau. Il est probable que l'humanité de quelque Pâtre sauva cet enfant ; car il n'y a que le génie adulateur d'un Poëte, qui ait pu imaginer qu'une aigle le couvrit de ses aîles tutélaires, pour le défendre des ardeurs du soleil, & qu'afin de le nourrir, elle fit dégoutter dans sa bouche le sang des oiseaux qui lui servaient de pâture. Quoiqu'il en soit, son salut fut regardé comme une espèce de merveille ; & Lagus qui crut lire dans cet évènement la destinée brillante de ce fils adultère, se hâta de l'adopter. Pour Philippe, comme il avait le cœur blasé sur tous les sentimens de la nature, il ne se souvint qu'un grand nombre d'années après, qu'il avait un fils d'Arsinoë.

Ptolemée reconnu fils de Lagus, n'était encore rien moins que dans la route de la fortune. Le Macédonien qui l'avait adopté, se trouvant sans fortune & sans argent, ne pouvait faire rejaillir ſur lui cette conſidération qui tient lieu de mérite perſonnel dans la cour des deſpotes. Ce n'eſt pas qu'il ne ſe ſoit trouvé des Ecrivains qui aient fabriqué une généalogie brillante à Lagus : tel eſt entr'autres Théocrite, qui, dans ſes églogues naïves, à propos de chèvres & de bergers, faiſant l'apothéoſe du Prince qui le penſionnait à ſa Cour, le ſuppoſe deſcendu en droiture d'Hercule, fils d'Alcmène (*a*). Mais ce roman, imaginé d'après la fortune brillante du Héros, n'a aucune autorité en hiſtoire. Ptolemée lui-même, à en croire une anecdote qui nous a été conſervée par le Philoſophe de Chéronée (*b*), avouait qu'il ne devait ce qu'il était devenu, qu'à lui-même. Un jour ce Prince, fatigué d'entendre le Grammairien de ſon Muſée parler avec emphaſe

(*a*) *Theocrit.* Idyll. 17.
(*b*) *Plutarch.* de Irâ Cohibendâ.

de ſa connaiſſance profonde de l'antiquité, lui dit, pour l'embarraſſer : *Eh bien, puiſqu'il n'y a aucune énigme ancienne que tu ne déchiffres, dis-nous quel était le père de Pélée.* Le Grammairien ne ſe déconcerta pas : *O Roi!* répondit-il avec audace, *dites-nous auparavant, ſi vous le pouvez, quel était le pere de Lagus.* Les Courtiſans, ravis intérieurement d'un mot qui mettait leur orgueil à ſon aiſe, mais obligés, par état, à ſe contrefaire, feignirent une indignation qu'ils ne reſſentaient pas, & ſuppoſerent que la réponſe du Grammairien était un crime de lèze-majeſté. *Non, non,* leur dit le ſage Ptolemée, *c'eſt moi qui ſuis l'agreſſeur ; il a autant de droit de ſe plaindre de ma queſtion, que moi d'être mécontent de ſa réponſe.*

Ptolemée, en âge de porter les armes, voulut que ſa renommée dépendît de ſon épée. Ce fut à ſa valeur dans un combat que Philippe ſon père le reconnut : à l'inſtant il le plaça parmi ſes gardes, &

veilla ſur ſa deſtinée. Alexandre, qui ne jugeait du mérite des hommes que par leur bravoure, renchérit encore ſur Philippe; & dans ſon expédition contre la Perſe, il lui donna le commandement d'une des diviſions de ſon armée. Ptolemée répondit à l'attente du Héros : c'eſt lui qui fit priſonnier Beſſus, l'aſſaſſin de Darius, & qui s'élança au pied des remparts de la ville des Oxydraques, pour dérober ſon Roi à une mort, que ſa témérité ſemblait avoir rendue inévitable. Alexandre ne fut point ingrat; il combla ſon favori de bienfaits, & lui fit épouſer Apamée, fille d'Artabaſe, un des premiers Satrapes de Darius.

Obſervons cependant que le nom de *Soter* ou de *Sauveur* ne fut point donné à Ptolemée pour avoir ſauvé la vie à Alexandre; l'adulation attendit qu'il fût Roi, pour lui conférer un titre auſſi étrange: il le dut à un ſervice qu'il rendit à Rhodes, à l'époque de ſon ſiége célèbre par Démétrius. La République, non contente de ce délire de reconnoiſſance, envoya demander à l'Oracle d'Ammon, la permiſſion de faire l'apothéoſe de Ptolemée; & comme le Dieu Africain ne dédaigna pas d'avoir pour collègue, le Prince de qui dépendait ſon Temple, elle érigea en l'honneur du Sauveur de Rhodes une Baſilique décorée de portiques ſuperbes, où l'on venait tous les jours offrir des ſacrifices.

A la mort d'Alexandre, Ptolemée obtint le Gouvernement de l'Egypte : mais il ne voulut point prendre le titre de Roi, tant qu'il reſta un rejetton de la famille du Conquérant de l'Aſie. Il n'en jouit pas moins du pouvoir ſuprême dans toute ſon étendue; & le petit Royaume de Cyrène dans la Libye s'étant trouvé à ſa bienſéance, ſous prétexte d'en être le Sauveur, il en fit la conquête.

Perdiccas, Régent de l'Empire pendant la minorité ſoit du fils, ſoit du frère imbécille d'Alexandre, vit d'un œil jaloux la proſpérité de Ptolemée, & il marcha contre lui à la tête d'une armée. Cette irruption en Egypte ne fut fatale qu'à l'agresseur : ayant tenté de passer à gué une des branches du Nil, pour entrer dans le Delta, il paya cher sa témérité. Une partie de ses soldats fut entraînée par le courant ; une autre resta ensevelie dans la fange, & il en périt ainsi deux mille, dont la moitié fut dévorée par les crocodiles. Ceux qui survécurent à cette journée terrible n'attendirent pas que l'inexpérience de leur Général les exposât à un nouveau désastre ; ils allèrent l'investir dans sa tente, & l'y massacrèrent.

Ptolemée, instruit de cette tragédie par les transfuges, passa dès le lendemain dans le camp des Macédoniens, se justifia d'avoir tiré l'épée contr'eux, protesta qu'il verserait son sang pour la défense d'Aridée & du fils d'Alexandre, & mit à sa harangue une éloquence si persuasive, qu'au lieu de le réfuter, toute l'armée ennemie se rangea sous ses drapeaux.

Il n'eût tenu alors qu'à Ptolemée d'obtenir la Régence de l'Empire; mais il eut le bon esprit de sentir que dans l'état d'anarchie où il se trouvait, il lui serait plus difficile de le conserver que d'en faire la conquête ; & content de régner sans titre sur l'ancienne Monarchie des Pharaons, il fit nommer Python, son ami, à la tutelle des deux Rois successeurs d'Alexandre.

Sur ces entrefaites, les autres Vice-Rois, qui s'étaient partagé la dépouille du Conquérant de l'Asie, luttèrent entr'eux à qui deviendrait le seul maître de sa vaste Monarchie. Ptolemée eut la sagesse de ne point épouser leurs querelles; mais s'élevant sur leurs ruines, il ajouta à ses possessions l'Isle de Chypre, la partie maritime de la Syrie, & la Phénicie.

Le Peuple de Dieu lui-même ne put arrêter le Conquérant. S'il en faut croire Josephe, son Historien (*a*), Ptolemée

(*a*) *Histor. Judaïc.* lib. 12 & lib. 1, *contr. Appion.*

employa une ruſe de guerre, pour ſe rendre maître de Jéruſalem : il propoſa aux habitans, de venir offrir des ſacrifices dans leur temple, & ſous ce prétexte s'étant fait ouvrir les portes de la Ville, il mit garniſon dans les principaux poſtes qui la dominaient. Ce jour était celui du Sabbat : les Juifs, plus attachés à l'obſervance de leur loi qu'à la défenſe de leur patrie, ne firent aucun mouvement ; alors Ptolemée arbora le drapeau Egyptien dans la citadelle.

Quand Ptolemée vit ſa puiſſance ſolidement affermie en Egypte & dans ſes nouvelles conquêtes, il ſe fit le protecteur des Vice-Rois opprimés, afin d'entretenir l'équilibre de l'Empire, d'où dépendait ſa propre ſûreté. C'eſt à cette époque que Séleucus, qui avait Babylone pour appanage, proſcrit par Antigone, devenu le maître de l'Aſie, ſe réfugia à Alexandrie, & fit entrer Ptolemée dans une ligue formidable contre ſon oppreſſeur. Ces deux Princes marchèrent contre Démétrius, fils d'Antigone, & remportèrent une grande victoire contre lui ſous les murs de Gaza. Les ſuites de cette expédition furent le rétabliſſement du Gouverneur proſcrit dans ſa Vice-Royauté de Babylone, ce qui le conduiſit bientôt après à fonder l'Empire des Séleucides.

Enfin le moment vint où, après l'extinction de la famille d'Alexandre, tous ceux de ſes Généraux qui ſurvivaient aux révolutions produites par le démembrement de ſon Empire, s'accordèrent à prendre le titre de Roi. Ptolemée imita ſes collègues; mais auparavant il tâcha de ſe faire pardonner ce trait d'ambition par ſes peuples, en honorant la mémoire du Conquérant auquel il ſuccédait, & en décorant de nouveaux monumens ſous Alexandrie.

POMPE FUNÈBRE

D'ALEXANDRE (a).

Nous avons vu que les Généraux du Conquérant de l'Aſie, plus occupés à lui ſuccéder qu'à lui rendre les honneurs funèbres, avaient laiſſé pendant ſept jours ſon corps ſans ſépulture : quand ils furent d'accord ſur le partage de l'Empire, tranquilles ſur le ſuccès de leur ambition, ils ſe reſſouvinrent du cadavre de leur maître, abandonné ſur un lit de parade, & l'ayant fait embaumer, ils ordonnèrent à l'Ingénieur Aridée de conſtruire un char de triomphe, pour le tranſporter de Babylone au temple de Jupiter Ammon, où le Héros avait choiſi ſa ſépulture.

(a) *Diod. Sicul.* lib. 18, & *Hiſt. de l'Acad. des Belles-Lettres*, petite édition, tome XV, pag. 114.

Ptolemée, le ſeul peut-être des Capitaines d'Alexandre à qui ſon maître était encore cher, ſollicita avec le feu de la reconnaiſſance le privilége de dépoſer ce corps auguſte dans Alexandrie, & l'obtint. L'antiquité a retenti de la magnificence de cette pompe funèbre ; & comme elle tient par les arts à l'hiſtoire de l'eſprit humain, nous allons en tranſcrire la deſcription d'après les Mémoires de Diodore.

« On fit ſur la meſure du corps d'A-
» lexandre un cercueil d'or, battu au
» marteau, que l'on remplit à demi d'aro-
» mates : ce cercueil était ſurmonté d'un
» dais du même métal, revêtu d'un tapis
» broché d'or, auprès duquel on avait
» poſé les armes du Héros ; car on vou-
» lait que toute cette pompe funèbre eût
» rapport à ſes exploits.

» On fit enſuite approcher le char qui
» devait porter le cercueil. L'Architecte
» avait conſtruit ſur ce char, dans une
» eſpace de douze coudées de long ſur
» huit de large, une voûte d'or décorée

» par des pierres précieuses disposées en » écailles. L'intérieur était occupé en » grande partie par un trône d'or qua- » drangulaire, portant des Tragelaphes (*a*) » en relief représentés à mi-corps, aux- » quels étaient suspendus des anneaux » d'or de cinq pouces huit lignes, & ces » anneaux servaient d'appui à une cou- » ronne de diverses couleurs & de la plus » grande magnificence.

» A chaque angle de la voûte, il y avait » une victoire d'or chargée d'un tro- » phée. Le péristile qui précédait cette » voûte, était d'or, avec des chapitaux » ioniques, & son intérieur était décoré » d'un réseau d'or de l'épaisseur d'un » doigt, orné de quatre cadres paralle- » les, chargés de figures de la hauteur » du mur.

» Dans le premier des bas-reliefs, » on voyait un char d'un travail très-

---

(*a*) Animal phantastique, moitié cerf & moitié bouc, qui sert d'ornement en Architecture.

» fini, ſur lequel était monté Alexandre, » tenant un ſceptre reſplendiſſant de » lumière; ſa garde était compoſée de » Macédoniens peſamment armés, & » d'un corps de Perſes (dont la pique » était ſurmontée d'une pomme d'or), » d'où leur venait le nom de Mélophores.

» Le ſecond cadre repréſentait des élé» phants armés en guerre, montés par » des Indiens; & ſur le derrière, des » Macédoniens qui s'énorgueilliſſaient de » leur armure.

» Le troiſième bas-relief était deſtiné » aux évolutions d'un corps de cavalerie, » & le dernier à celles d'une armée » navale.

» Les autres ornemens du char con» ſiſtaient dans des lions d'or, placés à » l'entrée de la voûte, & qui ſervaient » de ſentinelles; dans une acanthe de mê» me métal, diſpoſée entre chaque coupe » de colonne, & ſerpentant inſenſible» ment juſqu'aux chapiteaux; enfin dans » un vaſte tapis protégeant toute la ſur-

» face extérieure de la voûte, & ſurmon-» tée d'une couronne taillée en feuilles » d'olivier, qui, frappée des rayons du » ſoleil, produiſait une lumière vive & » tremblotante, aſſez ſemblable à celle » des éclairs.

» Le train ſur lequel poſait toute la » décoration, avait quatre roues à la » perſienne, & deux eſſieux, dont l'ex-» trémité était d'or, & repréſentait une » tête de lion, portant entre ſes dents un » fer de lance; de plus, la charpente du » char ſemblait ſuſpendue avec un arti-» fice ſi merveilleux, que tenant tout » entier à un ſeul point, comme à ſon » centre d'équilibre, il n'y avait point » d'inégalité de terrein qui pût lui faire » perdre le niveau.

» L'attelage était compoſé de ſoixante-» quatre mulets, tous chargés ſur la tête » d'une couronne d'or, ayant à droite » & à gauche de la mâchoire une ſonnette » de même métal, & au col un collier » formé de pierres précieuſes; cet équi-

» page était précédé & suivi, soit de
» gens de guerre, chargés de protéger
» la marche, soit d'ouvriers, dont la
» fonction était d'applanir les chemins,
» & de réparer les accidens survenus au
» char funèbre.

» L'Architecte employa deux ans aux
» préparatifs de la pompe funèbre d'A-
» lexandre, & il la conduisit lui-même
» de Babylone en Egypte. Ptolemée vint
» au-devant du char jusqu'en Syrie, à
» la tête de son armée, & il fit déposer
» les restes du vainqueur du monde, dans
» un temple d'Alexandrie ».

La route de Babylone, à l'extrémité de Delta, est au moins de trois cents lieues. On conçoit avec peine, comment soixante-quatre mulets, dont le tirage devait être uniforme, pouvaient franchir les hautes montagnes qui séparent l'Egypte de la Chaldée; quelle méchanique on employait à cet égard dans les plaines fangeuses, & dans les gorges étroites des rochers. Mais plus ces obstacles paraiſſent inſurmontables, dans la théorie, plus il faut admirer les anciens qui les ont ſurmontés; car enfin, le fait dépoſe contre le ſcepticiſme. Il eſt certain que le char funèbre eſt parti de Babylone, & qu'il eſt arrivé à Alexandrie.

RÈGNE BRILLANT
DU PREMIER
DES PTOLEMÉES (*a*).

CE fut une victoire navale que Démétrius Poliocerte remporta à la hauteur de l'Isle de Chypre, sur la flotte de Ptolemée, qui fit Rois les vainqueurs & les vaincus. Antigone, père de Démétrius, se croyant désormais à l'abri de tous les revers, ceignit solemnellement son front du Diadême. Ptolemée, trop fier pour croire que sa défaite affaiblît la supériorité de ses armes, se couronna à l'instant dans Alexandrie ; & cet exemple fut suivi la même année par Cassandre, par Lysimaque, & par le premier des Séleucides.

A peine Ptolemée commençait-il à

(*a*) *Diod. Sicul.* lib. 17, *Pausanias*, lib. 1, *Justin.* lib. 15, *Plutarch.* in Demetrio.

ſavourer les honneurs du pouvoir ſuprême, qu'Antigone, à la tête de quatre-vingt mille hommes, vint deſcendre par terre en Egypte, tandis que Démétrius, ſon fils, en bloquait les ports avec une flotte de deux cents cinquante voiles. La fortune, dans cette circonſtance critique, ſervit preſqu'autant Ptolemée que ſon génie : une tempête horrible diſperſa les vaiſſeaux de Démétrius; & Antigone, dépourvu de vivres au milieu des déſerts, qui ſervaient de barrières naturelles à l'Egypte, fut obligé de quitter en fugitif cette contrée, dont ſon orgueil lui avait promis la conquête.

La fameuſe bataille d'Ipſus où, s'il en faut croire Plutarque, tous les Rois de la terre ſe trouvèrent, affermit à jamais ſur leur baſe les trois grands trônes qui venaient de s'élever. Antigone, leur ennemi commun, fut tué. C'eſt proprement de cette époque que commencent les nouvelles Monarchies de Macédoine, des Ptolemées & des Séleucides.

Pyrrhus le grand, à cette époque, cherchait à ressusciter Alexandre. Ptolemée qui devina tout ce que ce Héros ferait pour la gloire, l'attira en Egypte, en fit son ami intime, & lui donna une de ses filles en mariage.

Ptolemée, vainqueur dans les guerres que l'ambition de ses voisins le forçait à soutenir, n'employant la paix qu'il aimait, qu'au bonheur de ses peuples; magnifique, sans faste, cultivant les arts, ce qui vaut encore mieux que de les protéger, s'acquit la plus haute considération en Asie & en Europe; tous les Rois recherchaient à l'envi son alliance. Et quand sa tête octogénaire commença à plier sous le fardeau de la couronne, il remplit encore avec distinction, parmi les successeurs d'Alexandre, le rôle du Nestor de l'Iliade.

DE SÉRAPIS
ET
DE SA NOUVELLE RELIGION (a).

ON eſt fâché de voir quelquefois la tête penſante de Ptolemée, ſe courber ſous le joug de la ſuperſtition. Telle eſt du moins l'idée que fait naître l'hiſtoire ſingulière de Sérapis, qu'on met ſous ſon règne, & qui ne devait naturellement trouver place que ſous celui d'un Pharaon.

Ptolemée, diſaient les Ecrivains du temps (dont l'immortel Tacite a daigné être l'interprête), vit une nuit en ſonge, un jeune homme d'une taille coloſſale, & d'une figure céleſte, qui lui ordonna

(a) *Tacit.* Hiſtor. lib. 4, *Ammian. Marcell.* lib. 22, *Macrob.* Saturn. lib. 1, *Plutarch.* de Iſid. & Oſir. *Clem. Alex.* in Protrept. *Apollod.* Biblioth. lib. 1, *Rufin*, Hiſtor. Eccleſiaſt. lib. 2.

de faire venir sa statue de l'Asie Mineure ; s'il voulait que son trône fût à l'abri des révolutions. Les Prêtres de l'Egypte, furent consultés ; mais comme ces hommes superbes dédaignaient tous les Dieux dont ils n'étaient pas les ministres, ils déclarèrent que le songe ne pouvait être interprêté. Un ancien Hyérophante d'Eleusis, nommé Timothée, parut de meilleure foi ; il annonça au Monarque que l'Etre céleste qui lui avait apparu, était celui qu'on honorait à Sinope, ville maritime de la Paphlagonie. Ptolemée, revenu à sa philosophie naturelle, oublia, & le rêve, & l'interprétation de l'Hyérophante. Peu de temps après, ajoute-t-on, le même spectre reparut, & menaça le Prince, en cas de désobéissance, de le perdre lui & sa maison. Ptolemée trembla, & crut au Dieu qui le faisait trembler ; à l'instant on envoya prendre l'Idole de Sinope, & on la transporta avec une pompe religieuse dans un des faubourgs d'Alexandrie.

On ne ſait pas trop à quel degré de l'échelle mythologique on peut rapporter Sérapis : ſa taille était ſi prodigieuſe, que de ſes deux bras il touchait les murs opposés d'un temple célèbre par ſon étendue ; ſa figure ſemblait encore plus étrange que ſa taille : on avait ſculpté ſur ſon col les trois têtes, d'un loup, d'un chien & d'un lion ; pour comble de biſarrerie, la matière de la ſtatue était un amalgame de toutes ſortes de métaux ; l'Idole avait une verge à la main, & ſur une de ſes têtes, des eſpèces de cornes, avec un boiſſeau, ſymbole de la fécondité.

De tout temps on a cherché à deviner la généalogie myſtérieuſe de ce Sérapis. Notre ſavant Voſſius voulait que ce fût le Patriarche Joſeph ; le célèbre Evêque d'Avranche, le regardait comme un type de Moyſe. Plutarque, plus près de ce Sérapis, & par conſéquent plus digne de foi, le confondait avec Pluton, à qui il reſſemblait cependant beaucoup moins

qu'au chien, conſervateur de ſon Empire, au cerbère à trois têtes. Nicocréon, Roi de Chypre, qui, quoique contemporain du Dieu, ne le connaiſſait pas mieux que nos Huet & nos Voſſius, s'aviſa de lui demander à lui-même, ſous quel titre il ſiégeait parmi les immortels. L'Idole de Sinope répondit, dans la langue figurée des oracles : « Je veux bien te dévoi-
» ler mon eſſence; la voûte du ciel forme
» ma tête, les abîmes de l'Océan me
» tiennent lieu de corps, les continens du
» globe ſont mes pieds, mon ouïe eſt ré-
» pandue dans l'atmoſphère, & de mes
» yeux s'élancent les feux du ſoleil ». — S'il fallait en croire le Dieu ſur ſon témoignage, je ſerais tenté de le regarder comme l'emblême de la nature; ce qui rapprocherait un peu plus la philoſophie, de la crédulité ſuperſtitieuſe de Ptolemée.

Quoiqu'il en ſoit, Alexandrie vit s'élever, ſous le nom de *Sérapéon*, en l'honneur du Dieu de nouvelle création, un temple dont la magnificence ne le cédait qu'à celui de la Diane d'Ephèse & du Jupiter du Capitole. Nous en devons la description à Rufin : suivant cet Historien de l'Eglise, le Sérapéon fut construit sur une terrasse faite de main d'homme, & élevée de plus de cent marches, dont le poids énorme était porté par plusieurs voûtes qui se communiquaient par des issues secrettes, & qu'on éclairait dans l'occasion d'une infinité de lumières, afin d'en imposer aux Profanes par un grand spectacle. L'édifice était entouré de quatre rangs de galeries, & soutenu lui-même de colonnes de marbre de Paros. Les murs intérieurs du sanctuaire avaient un triple revêtement de lames d'or, de lames d'argent & de lames d'airain. Le revêtement le moins précieux était le seul apparent, parce qu'il servait à conserver les autres : il est vraisemblable qu'on enlevait avec des machines ces divers revêtemens, suivant les différentes solemnités. La statue, contre l'usage de toutes les Religions, était placée à l'occident, mais c'était en vertu d'une fourberie facerdotale; on avait pratiqué vers la partie orientale du comble, une petite fenêtre qui ne s'ouvrait que le jour de la fête de Sérapis. A cette époque, lorfqu'Alexandrie entière femblait raffemblée dans l'édifice facré, les Prêtres apportaient en pompe un fimulacre du foleil, deftiné, difaient-ils, à faluer le Dieu dont ils étaient les Miniftres. La cérémonie fe faifait au lever de l'aurore; & au moment que le fimulacre touchait le feuil du fanctuaire, la fenêtre du comble s'entr'ouvrant, un rayon du foleil venait fe diriger fur la bouche de Sérapis; ce qui femblait au vulgaire évermeillé un baifer de l'aftre de la lumière.

Quand la raifon des difciples de Socrate vint diffiper ces vains preftiges, les Prêtres, qui faifaient tous les Dieux de la multitude avec la méchanique, imaginèrent un fimulacre du foleil d'un fer infiniment léger, qu'ils portèrent fous une pierre d'aiman attachée à la voûte du temple: dès qu'il touchait à la ligne où la vertu attractive pouvait ſe faire ſentir, le peuple le voyait s'élever de lui-même, & reſter ſuſpendu en l'air; ce qui était un prodige évident aux yeux de tous les adorateurs de Sérapis qui n'étaient pas des Archimède.

Le culte de Sérapis dura près de ſept cents ans dans tout ſon éclat, & il ne fut anéanti que ſous le règne de Théodoſe.

D'ALEXANDRIE
ET
DE SES MONUMENS (a).

PTOLEMÉE, en choiſſant Alexandrie pour la Métropole de ſa nouvelle Monarchie, ne fit que ſuivre les intentions du Vainqueur de l'Aſie, qui avait voulu en faire la capitale du monde. Arrêtons-nous un moment ſur cette Ville célèbre, dont la deſcription complétera la géographie de l'Egypte, telle que nous l'avons expoſée dans l'Hiſtoire des Pharaons.

L'Egypte du premier âge n'avait point

(a) *Strab.* Geograph. lib. 17, *Diod. Sicul.* lib. 17, *Plutarch.* in Alexandr. *Plin.* Hiſtor. Natur. lib. 5, *Cæſ.* de bell. Alexandr. *Joſeph.* de bell. Judaïc. lib. 5, *Danville*, Mém. ſur l'Egypte, Mém. *de l'Acad.* petite édition, tome XIII.

de ports ſur la Méditerranée, l'ignorance orgueilleuſe des Pharaons ne voulant point communiquer avec les Etrangers, & mettant ainſi une barrière entre le deſpotiſme & les lumières. Alexandre, dans le cours de ſes conquêtes, vint à Canope, deſcendit dans le lac Maréotis, qu'il viſita dans toute ſon enceinte; & ayant débarqué ſur le rivage ſeptentrional, frappé de la beauté du ſite, il y fit tracer le plan d'une Ville qui devait réunir au commerce de Corynthe la magnificence de Babylone.

Ce fut Dinocrate, un des meilleurs Artiſtes de ſon ſiècle, qui eut la direction des travaux. Cet Architecte traça aux yeux du Héros de Macédoine, un demi-cercle dont les extrémités étaient appuyées ſur deux baſes droites; ce qui donnait à la Ville la figure d'un manteau déployé, on comptait quinze mille pas pour ſon enceinte; & quand Quinte-Curce, qui fait toujours ſes villes & ſes héros dans ſon cabinet, a réduit cet eſpace à quatre-vingt ſtades, c'eſt-à-dire aux deux tiers de l'enceinte mesurée par Dinocrate, il a contredit tous les monumens de l'antiquité.

Alexandrie étant bornée au nord par la mer, & au midi par le lac, on ne pouvait y arriver du côté de la terre que par deux isthmes assez étroits, & par conséquent aisés à fortifier : aujourd'hui cette superbe position de la Métropole de l'Egypte n'est plus la même, parce que des attérissemens successifs ont singulièrement élargi les deux isthmes; que les canaux dérivés du Nil ayant été négligés par les Musulmans, versent bien moins d'eau dans le lac Maréotis, & que la mer qui bordait les remparts de la ville s'en est retirée de deux cents cinquante toises.

L'Architecte d'Alexandre, qui avait tout le génie des Fondateurs de Babylone, dans la distribution des rues, eut soin de les tirer de façon que les vents étésiens qui soufflent du nord pussent les rafraîchir, & y conserver par conséquent une température toujours égale. D'après ce plan, on conçoit qu'Alexandrie était coupée principalement dans sa largeur par des rues du sud au nord, qui aboutissaient d'un côté au lac, & de l'autre à la mer. La principale avait de largeur un plethre (quatre-vingt-quinze pieds), & de longueur quarante stades [une lieue & cinq cents quarante toises (*a*)] : cette superbe rue telle qu'il n'en existe de pareille dans aucune des Métropoles du Monde moderne, était coupée à angles droits par une autre toute semblable qui partait de la porte de Canope pour aboutir à celle de Nécropolis; presque tous les édifices de ces deux rues étaient des temples, des monumens publics ou des palais décorés de leurs péristiles.

Vers le commencement de l'Ere vulgaire, on comptait cinq quartiers dans Alexandrie, désignés chacun par le nom des premières lettres de l'Alphabet grec.

(*a*) Le stade d'Alexandrie, plus grand que les autres, est de 76 toises.

Le principal était encore plus connu ſous le nom de *Bruchion* (*a*) & du quartier *des palais*, il embraſſait tout le terrein qui s'étend entre le grand pont & la porte de Canope, & tenait ainſi un tiers d'Alexandrie.

Preſque tous les grands édifices publics ſe trouvaient dans le Bruchion, tels que le théatre, le gymnaſe, le palais de la juſtice, le muſée, le temple d'Iſis, & le Sema ou le tombeau d'Alexandre. Tous ces chefs-d'œuvre de l'Architecture grecque étaient dus à Ptolemée; car le Vainqueur de l'Aſie étant mort ſept ans après avoir fondé la nouvelle capitale de l'Egypte, il était impoſſible que dans un ſi faible intervalle on eût ſeulement conſtruit le palais des Rois, donné une forme aux rues alignées, & bâti la citadelle.

Le palais des Rois avait été fait ſur le

(*a*) Ce mot dérive de *magaſin de bleds*, parce qu'on conſervait dans un de ſes édifices une partie de l'approviſionnement de la ville.

modèle de celui des Ninus & des Sémiramis. Il répondait, par sa grandeur, à celui de la ville & à la majesté du Héros qui voulait y établir sa résidence. Cependant les Ptolemées s'y trouvant logés trop à l'étroit, y ajoutèrent dans la suite, à diverses reprises, de nouveaux corps de bâtimens, qui en détruisirent l'unité primitive. Ce palais, pour que les Rois fussent également à couvert contre les ennemis & contre leurs sujets, était bâti au centre de la citadelle.

Toute la partie occidentale d'Alexandrie était traversée par un canal dérivé du Nil; pour la partie méridionale, elle voyait ses murs baignés par les eaux du Maréotis, lac de trois cents stades de long sur cent cinquante de large, qui communiquait au grand fleuve de l'Egypte par plusieurs canaux, & dont les ports innombrables étaient plus fréquentés que ceux de la Méditerranée. Le Maréotis avait dans son sein huit isles, couvertes de maisons de plaisance.

Le canal dérivé du Nil qui traverſait la partie occidentale d'Alexandrie, outre l'avantage de rafraîchir l'air, ſervait encore à remplir les cîternes de la ville. L'eau entrait dans ces édifices ſouterrains au temps de l'accroiſſement du fleuve, & y acquérait, après quelques jours de repos, la plus grande limpidité. Les Hiſtoriens anciens ne tariſſent point ſur l'éloge des cîternes d'Alexandrie. La plupart étaient revêtues de marbre, & toutes étaient ſoutenues de colonnes, dans la forme du périſtile d'un temple de Théſée, ou de Minerve : comme ces cîternes ſe communiquaient, l'enſemble formait une ville ſouterraine non moins magnifique que la ville extérieure à laquelle on l'avait fait ſervir de baſe. Les cîternes étaient le réſervoir des aqueducs qui conduiſaient l'eau pour les beſoins de la ville & des fauxbourgs. Nous n'avons dans notre Europe moderne aucun monument du genre des cîternes d'Alexandrie. On ne peut leur comparer dans l'antiquité que les ſuperbes égoûts de Rome, conſtruits par Tarquin.

La population d'Alexandrie répondait du moins dans les beaux temps de la Monarchie, à ſon étendue : on y comptait du temps de Diodore, trois cents mille perſonnes libres, ce qui ſuppoſe au moins un million d'habitans; car dans toutes les villes anciennes où le luxe dominait, le nombre des hommes libres n'était jamais le tiers de celui des eſclaves.

La latitude d'Alexandrie, calculée par nos tables modernes, d'après la longueur de l'ombre équinoctiale du gnomon, que marque Vitruve, eſt de 31 degrés 11 minutes 59 ſecondes; elle n'était que de 31 degrés 8 minutes 34 ſecondes, ſuivant Eratoſthene, qui avait établi ſon obſervatoire près de la porte méridionale d'Alexandrie; & cette différence étonne peu les Phyſiciens, parce qu'il y en a une foule d'exemples dans l'hiſtoire de l'aſtronomie.

Alexandrie fut fondée environ ſept ans

avant la mort d'Alexandre, c'eſt-à-dire, l'an 1251 de l'ere de Paros, qui répond à la ſeconde de la cent douzième olympiade.

DE LA BIBLIOTHÈQUE D'ALEXANDRIE (a).

TELLE était l'influence générale du beau ſiècle de Périclès, qu'elle agiſſait juſques ſur ces vieux guerriers, dont une politique farouche était l'élément, & qui, accoutumés dès le berceau au ſpectacle du ſang, ſemblaient inacceſſibles aux douces impreſſions des arts & de la nature. Ptolemée, le moins féroce des Capitaines d'Alexandre, tranquille ſur le trône qu'il s'était donné, après avoir embelli ſa capitale de tous les monumens qui pouvaient la rendre une des Métropoles du monde connu, ſongea à y fixer à jamais la raiſon & les

(a) *Strab.* Géograph. lib. 2, 13 & 17, *Vitruv.* lib. 7, *Athen.* Deipnoſoph. lib. 2 & 15, *Euſeb.* in Chronic. *Epiphan.* lib. de Menſur. & Ponderib. *Suidas*, Lexic. Paſſim. & *Mém. de l'Acad. des Belles-Lettres*, petite édition, tome XIII.

barrières, en y réunissant tous les livres qui pouvaient avoir quelque célébrité. Telle est l'origine de la fameuse Bibliothèque d'Alexandrie.

Ce Prince commença par appeller auprès de lui Démétrius de Phalere, qui était à la fois un des premiers Orateurs de son siècle, & un des derniers Héros de la Grèce expirante; & ce fut de concert avec lui qu'il donna le plan de ce beau monument, dont la première idée était due à Pisistrate, l'Auguste d'Athènes. Ptolemée, en concourant avec Démétrius pour l'érection de cette Bibliothèque, ne se borna pas à une stérile protection. Il fit lui-même un ouvrage destiné à y trouver place : c'était une vie d'Alexandre, qui n'est point parvenue jusqu'à nous, mais que les contemporains mettaient au niveau des histoires de Xenophon & de Thucydide.

Il ne faut pas se figurer qu'une Bibliothèque chez les Anciens se formât aussi aisément que parmi nous, ou grace à l'impreſſion, beaucoup d'argent & un peu de goût ſuffiſent pour fonder des collections égales à celles des Prolemées : à cette époque reculée, on ne pouvait avoir des livres qu'en les tranſcrivant ; & il y en avait d'aſſez précieux pour que l'or même ne pût les acheter. Démétrius, nommé Sur-Intendant de la Bibliothèque d'Alexandrie, ſurmonta tous ces obſtacles. Il employa avec adreſſe, tantôt l'or, & tantôt le crédit du Roi : sûr alors de ne trouver aucune réſiſtance, il fit venir, à grands frais, de l'Italie, de l'Ethyopie, de la Chaldée, de l'Inde & de la Perſe ; & ſur-tout des grandes villes du Péloponèſe, tous les ouvrages marqués au ſceau du talent ; & il s'en trouvait déjà cent mille à l'avénement de Philadelphe.

La Bibliothèque d'Alexandrie fut placée dans le plus beau de ſes quartiers, dans le Bruchion, non loin du Stade & de l'Hypodrome ; l'édifice tenait au Muſée : on donnait ce nom à une ſuperbe colonnade, dont la partie découverte ſervait de promenade aux Gens de Lettres & aux Artiſtes, & celle qui était voûtée, de ſalle à manger & d'académie.

Ptolemée avait aſſigné un fonds conſidérable pour l'entretien de la colonnade, & ſur-tout des membres du Muſée ; car il ne croyait pas que la vie ſédentaire & ſpéculative fût un crime en politique ; ſa raiſon éclairée lui dictait que l'homme qui rend, par ſon génie, un état reſpectable à ſes voiſins, a autant de droit à en être protégé, que le Prêtre qui le bénit, ou le Soldat qui verſe ſon ſang pour lui dans les batailles.

Démétrius de Phalere ne conſerva guere ſa ſur-intendance de la Bibliothèque & du Muſée d'Alexandrie, au-delà de la vie du premier des Ptolemées : nous verrons comment une fatale raiſon d'état le priva de la liberté & de la vie à l'avènement de ſon ſucceſſeur. Zenodote remplaça ce grand homme dans cette place importante. Il était à la fois Poëte & Grammairien. On lui doit l'acquiſition de la fameuſe Bibliothèque d'Ariſtote.

C'eſt au temps de Zenodote qu'il faut rapporter l'érection de la ſeconde Bibliothèque d'Alexandrie dans le temple de Sérapis; car déjà l'édifice du Bruchion menaçait de s'écrouler ſous le poids des livres qu'y avaient raſſemblés les Soter & les Philadelphe.

On conjecture que Callimaque, le Poëte des Graces, ſuccéda à Zenodote; mais plus occupé de ſa propre renommée que de ſa place, il fit tout pour la Poéſie, & rien pour la Bibliothèque.

Le Muſée d'Alexandrie reprit un nouvel éclat ſous la ſur-intendance d'Eratoſthene; c'était une eſpèce de génie univerſel, du moins à en juger par ſes ouvrages variés qui embraſſaient la Poéſie, la géographie, la grammaire, la philoſophie & l'hiſtoire. Il eſt vrai que les Savans d'Alexandrie lui avaient donné le ſurnom de *Beta*, (la ſeconde lettre de l'alphabet grec), pour faire entendre qu'il ne tenait que le ſecond rang dans toutes les connaiſſances qu'il avait cultivées : ce qui prouve aſſez que l'homme vraiment univerſel eſt une chimère ; parce qu'alors on perd en profondeur ce qu'on gagne en ſuperficie.

Eratoſthene conſerva très-long-temps ſon influence ſur la propagation des lumières dans Alexandrie : car, appellé au Bruchion par Evergète, il ne mourut que vers la onzième année d'Epiphane (*a*).

Apollonius ne fit que paſſer, parce qu'il était au moins ſeptuagénaire, quand il ſuccéda à Eratoſthene. Cet Apollonius eſt celui dont nous avons la relation du voyage antique des Argonautes, qui nous a ſervi à établir quelques phares au travers de la nuit profonde qui enveloppe le monde primitif.

Le Poëte comique Ariſtonyme, nommé Sur-Intendant du Muſée, tenta de trahir

(*a*) Lucien donne à ce Savant quatre-vingt-deux ans de vie, & les monumens grecs atteſtent qu'il naquit la neuvième année du règne de Philadelphe.

la confiance de ſon Souverain, en ſe vendant à Eumène, qui fondait dans Pergame une Bibliothèque, devenue, dans la ſuite, rivale de celle d'Alexandrie. Le complot fut découvert, & le nouvel Ariſtophane perdit en même temps ſa liberté & ſa place.

Il y a un vuide, depuis cette époque, dans l'hiſtoire de la Bibliothèque des Ptolemées, & ce vuide n'étonne plus, quand on ſait que preſque tous les ſucceſſeurs d'Evergète furent des tigres altérés de ſang, ou des Sadanapales. Sous de pareils monſtres, on s'occupe de ſerrails & d'échaffauts, & non de Bibliothèques.

Cependant le ſecond Evergète, plus connu ſous le nom de Phyſcon, parut montrer quelque zèle pour l'acquiſition des livres célèbres; mais il ne le fit que par une baſſe jalouſie, afin de faire tomber la Bibliothèque de Pergame, qui commençait à être citée avec celle d'Alexandrie; encore mit-il dans ſes achats une iniquité qui lui ôtait tout le mérite de ſon zèle. Il forçait les Navigateurs qui venaient relâcher dans ses ports, à lui apporter des livres étrangers, sous prétexte de les faire transcrire; & quand une fois il en était le maître, violant la foi de ses traités, il gardait les originaux, & ne renvoyait que les copies. Les successeurs de Physcon, ne protégèrent comme lui, les Lettres, que pour avoir dans leurs mains une nouvelle branche de tyrannie.

Malgré la terreur que le despotisme des derniers Ptolemées, inspirait à tout ce qui portait les livrées de la philosophie, au temps du siége que soutint dans Alexandrie Jules César, on comptait déjà dans les deux Bibliothèques du Bruchion & du Sérapéon, sept cents mille volumes.

Cependant il ne faudrait pas en conclure que la Bibliothèque des Ptolemées eût jamais égalé nos grandes Bibliothèques de l'Europe moderne : les rouleaux du Papyrus Egyptien, ou les tablettes de cire qu'on employait alors, ne contenaient jamais la matière du plus petit de nos in-seize. On sait que les Métamorphoses d'Ovide formaient quinze volumes, & l'histoire d'Herodote neuf. C'est d'après ces notions sur le méchanisme des livres anciens qu'Origene fait composer à un Didyme, contemporain de Jules César, six mille volumes, ce qui ne signifie que six mille de ces petits traités, dont on voit soixante & quinze, dans le volume des Œuvres morales de Plutarque. En partant de ces calculs, les sept cents mille volumes de la Bibliothèque des Ptolemées n'en faisaient pas soixante & dix mille des nôtres, ce qui la met infiniment au-dessous de la Bibliothèque royale de Paris, & de celle des Papes au Vatican.

Enfin le moment vint où presque toutes les richesses littéraires du siècle de Periclès, furent anéanties, & par une bizarrerie singulière, cet évènement désastreux arriva au commencement du siècle d'Auguste. Jules César assiégé dans Alexandrie, ayant fait mettre le feu à la flotte Egyptienne, l'incendie propagé par un vent impétueux se communiqua au Bruchion, & consuma la Bibliothèque, où il y avait quatre cents mille volumes.

Il paroît que le Musée fut garanti des flammes ; car Strabon qui écrivait sa géographie au commencement de la tyrannie de Tibère, en parle comme d'un monument subsistant encore ; & d'autres autorités attestent que cet édifice continua à servir d'académie aux Savans de la Grèce & de l'Egypte, jusqu'à l'empire d'Aurélien.

Il est probable que la Bibliothèque du Sérapéon ne fut point enveloppée dans l'incendie de celle du Bruchion. Elle renfermait alors trois cents mille volumes, que Marc-Antoine, pour plaire à Cléopâtre, augmenta des deux cents mille de la Bibliothèque de Pergame.

Le temple de Sérapis fut démoli vers la fin du quatrième siècle, en vertu d'un édit de Theodose ; mais la Bibliothèque fut respectée. Enfin, au milieu du septième siècle, les Califes Arabes, qui parcouraient le monde, le poignard d'une main, & l'Evangile Musulman de l'autre, se rendirent maîtres d'Alexandrie, & achevèrent d'anéantir ce fameux dépôt des connaissances humaines. Le Général Amri consulta Omar, son Souverain, sur la destinée de ces livres, l'ouvrage de dix siècles de recherches & de travaux; & le Calife répondit par ce dilemme, digne d'un barbare : *Ou ces livres sont conformes à l'Alcoran, & il faut les brûler comme inutiles; ou ils lui sont contraires, & alors il faut les brûler comme hétérodoxes.* Amri qui n'avait que la logique du fanatisme, trouva le dilemme sans réplique, & condamna au feu la Bibliothèque des Ptolemées. Si l'on en croit les mémoires fabuleux du temps, les livres qui la composaient à cette époque, étaient en si grand nombre, qu'ils servirent pendant six mois à chauffer les bains d'Alexandrie, qui étaient au nombre de quarante mille.

DU FANAL

DE L'ISLE DE PHAROS (*a*).

PTOLEMÉE, tout entier à la propagation des connaiſſances humaines dans ſa nouvelle Monarchie, ſongea à rendre ſa marine reſpectable aux peuples, qui lui diſputaient l'empire de la Méditerranée : il fit venir des conſtructeurs de Phénicie, qui, en ſimplifiant l'architecture navale, la rendirent plus propre aux grandes découvertes. Il creuſa de nouveaux ports le long des côtes de l'Afrique ; & il imagina, pour la ſûreté des Navigateurs, un phare qu'on regarda, au ſiècle même d'Alexandre, comme une des merveilles du monde.

(*a*) *Strab.* Geogr. lib. 17, *Plin.* Hiſtor. Natur. lib. 36, *Lucian.* de Rect. Conſcrib. Hiſtor. *Ammian. Marcell.* lib. 22, *Geogr. Nubienſ.*

La mer, non loin d'Alexandrie, avait beaucoup d'écueils & de bas-fonds qui gênaient la navigation dans ces parages. Ptolemée commença par unir au continent le principal de ces écueils, connu dans l'ancienne géographie, ſous le nom d'Iſle de Pharos; & la jonction ſe fit par le moyen d'une digue énorme jettée ſous les eaux, dans l'étendue de ſept ſtades. Le môle nommé, de l'eſpace qu'il renfermait, le môle de l'Heptaſtade, rappelle celui qu'Alexandre avait fait élever devant Tyr, & qui, après avoir coûté tant d'hommes aux vaincus & aux vainqueurs, finit par être englouti deux fois dans les flots. Le môle de Ptolemée, conſtruit par une main bienfaiſante, ne coûta point de ſang à l'Egypte, & les ſiècles l'ont reſpecté.

Sur le ſommet du rocher qui forme l'écueil de Pharos, la nature avait ménagé une eſpece de plate-forme, qu'on voyait de loin, en naviguant dans ces parages.

Ptolemée y fit élever une tour prodigieuſe, qui avait quelque rapport, pour la manière dont ſes étages allaient en décroiſſant, à la tour de Belus : cet édifice était non revêtu, mais conſtruit en entier, de pierres de taille d'une blancheur éclatante, qu'on avaient unies enſemble par des liens de plomb : chaque étage laiſſait à découvert une galerie pour les obſervateurs, & au ſommet de la tour, on entretenait pendant la nuit un très-grand feu, qui ſervait de bouſſole aux vaiſſeaux qui voguaient vers Alexandrie. Telle était la hauteur de la tour & la clarté des flammes, qu'au rapport des Ecrivains du temps, peut-être ſuſpects par leur enthouſiaſme, on voyait le fanal de Pharos de près de quarante lieues.

Ptolemée, au reſte, dépenſa à ce fanal utile autant d'argent, qu'un Pharaon en aurait employé à une frivole pyramide. Pline veut qu'il ait coûté au Monarque huit cents talens, c'eſt à dire 4,333,333 liv.

de notre monnaie (*a*), ſomme qu'Alexandre ne poſſédait pas quand il ſe diſpoſa à ſubjuguer l'univers.

Ce fut un Cnidien nommé Soſtrate qui exécuta la tour de Pharos. Cet Artiſte avait toutes les fougues du génie & ſes travers; craignant que ſa renommée ne ſubſiſtât pas autant que ſon ouvrage, il imagina une ſingulière fourberie pour rendre ſa vanité immortelle; il grava ſecrétement ſur un fronton de marbre qui décorait le haut de la tour : *Soſtrate a dédié cet édifice aux Dieux protecteurs de la navigation*; enſuite il couvrit l'inſcription de chaux, & écrivit ſur cet enduit léger, ainſi qu'on le lui avait ordonné : *le Roi Ptolemée a dédié cet édifice aux Dieux protecteurs de la navigation*. Le temps, comme l'Architecte l'avait preſſenti, fit tomber avec la chaux, l'inſcrip-

(*a*) Encore je n'évalue le talent que ſur le pied de l'Attique; on ſait que celui d'Alexandrie était de plus d'un tiers plus conſidérable.

tion qui honorait la mémoire de Ptolemée, & alors le nom de Softrate qui se découvrit, fit croire aux étrangers que cet Artiste était le fondateur de ce monument. L'erreur à cet égard prit en effet de si profondes racines, que Strabon lui-même l'adopta. Cet Ecrivain célèbre attribue l'érection de la tour à Sostrate, qu'il appelle l'ami des Rois d'Egypte; & il ne fait aucune mention de Ptolemée. C'est à Lucien à qui nous devons cette étrange anecdote.

Le fanal de Pharos fut commencé vers le milieu du règne de Ptolemée Soter, & ne fut fini que la première année de celui de Philadelphe.

ABDICATION
DE PTOLEMÉE, ET SA MORT (*a*).

QUAND Ptolemée vit qu'il ne lui restait plus de bien à faire à son peuple, sentant sa tête octogénaire appésantie sous le poids de ses travaux, il se proposa d'abdiquer une couronne qu'il ne pouvait plus porter avec gloire; malheureusement il avait des enfans de divers lits, & le choix qu'avait fait la nature fut long-temps contrarié par celui qu'avait fait sa vertu.

Ptolemée avait épousé en premières noces Eurydice, fille d'Antipater, & il

(*a*) *Pausan.* lib. 1, *Justin.* lib. 16, *Lucian.* de Longævis. *Diog. Laërt.* in Demetr. Phaler. *Appian.* in Syriac.

en avait eu un fils, que la violence de ſon caractere avait fait ſurnommer *Ceraunos* ou *le Foudre*. Ce Prince n'eut point le ſtupide orgueil de vouloir ſe faire regretter, en nommant un tyran pour ſon ſucceſſeur; & malgré les titres de Ceraunos à la couronne, il ſe propoſa intérieurement de l'en tenir éloigné tant qu'il pourrait, ſans ébranler les fondemens de ſa nouvelle Monarchie.

Lorſqu'Eurydice vint épouſer le Monarque Egyptien, elle eut la maladreſſe de ſe faire accompagner d'une Macédonienne nommée Bérénice, qui l'effaçait en eſprit, en graces & en beauté. Ptolemée porta dans les bras de la Reine un amour effréné pour la jeune Macédonienne, & quelques années après, tyranniſé par la paſſion qui l'obſédait, il lui offrit ſon trône & ſa main. Bérénice fut mère de pluſieurs fils, dont l'un fut Philadelphe. Ce Prince, dans l'âge de l'adoleſcence, donna les plus grandes eſpérances, & Ptolemée crut qu'en le nommant ſon héritier préſomptif, il ne ferait que ſuivre le vœu de ſa nation. Il aſſembla donc le peuple d'Alexandrie, lui expoſa qu'il avait jugé entre le fils de Bérénice & celui d'Eurydice, que le premier était plus fait pour rendre l'Egypte heureuſe, & qu'à ce titre il intervertiſſait en ſa faveur l'ordre naturel de ſa ſucceſſion. Il ajouta, que pour prévenir des diſſenſions fatales, & donner à tous les ordres de l'Etat, l'exemple de la ſoumiſſion, il abdiquait de ce moment le pouvoir ſuprême, & le remettait à Philadelphe. La multitude, étonnée de ce trait de grandeur d'ame qu'elle n'attendait pas d'un deſpote, reſta quelque temps dans le ſilence ſtupide de l'admiration. Ptolemée en profita pour deſcendre de ſon trône, & fendant la foule de ſes amis qui embraſſaient ſes genoux pour le retenir, il alla ſe confondre parmi les gardes du nouveau Monarque.

Ce philoſophe-Roi vécut encore quelques années dans l'obſcurité de la vie privée, & ne regretta pas un ſeul moment la puiſſance ſuprême. Il mourut enfin à l'âge de quatre-vingt-quatre ans, emportant dans la tombe, aux yeux des ſages, une renommée bien ſupérieure à celle d'Alexandre.

Ptolemée tempéra toujours l'orgueil du pouvoir abſolu par des manières populaires. Il ſortait ſans gardes pour aller manger chez ſes amis; point de faſte extérieur, pour relever la majeſté du trône; l'Eunuque d'un Roi d'Aſie était mieux vêtu que ce ſucceſſeur d'Alexandre. Il aimait mieux repréſenter, diſait-il, par ſes vertus, que par une frivole magnificence. Les Eléens lui ayant érigé une ſtatue dans le temple de Jupiter Olympien, il fit effacer dans l'inſcription le titre de Roi, & voulut qu'on mît ſeulement, Ptolemée de Macédoine.

Si l'on compte les années du règne de ce grand homme, de l'époque de la mort d'Alexandre, il en a régné trente-ſept, juſqu'à ſon abdication. Si le premier terme de ce règne eſt la mort d'Alexandre Aigus, où les Gouverneurs de Syrie, de Macédoine & d'Egypte prirent le titre de Souverains, ce nombre eſt réduit à dix-huit. En général, il règne parmi les Hiſtoriens une grande incertitude ſur la chronologie Egyptienne du ſecond âge. Le ſyſtême le plus vraiſemblable, eſt celui du canon de Ptolemée, qui ne comptant pas les deux années qui s'écoulèrent depuis l'abdication du Monarque, juſqu'à ſa mort, le laiſſe vingt ans ſur le trône qu'il avait fondé, & place ſa mort à l'an 1297, de l'ère de Paros, qui répond à la quatrième de l'an 123 olympiade.

POMPE TRIOMPHALE

POUR L'AVÉNEMENT

DE PTOLEMÉE PHILADELPHE (*a*).

QUELQUES jours après que Ptolemée Soter eut abdiqué, Philadelphe, au lieu de gémir ſur la perte que la nation venait de faire d'un Roi, père de la patrie, s'amuſa à donner des fêtes dans le goût oriental; celle qui lui fit le plus d'honneur auprès des hommes frivoles, fut ſa Bachanale, dont Athénée nous a donné la deſcription, d'après les mémoires de Callixène, un des Hiſtoriens d'Alexandrie. Cette fête eſt auſſi célèbre dans l'antiquité que le triomphe de Paul-Emile. Cependant il faut demander pardon aux gens de goût de s'y arrêter dans une hiſtoire des hommes.

(*a*) *Athen.* Deipnoſoph. lib. 5.

Il s'agiſſait dans cette pompe triomphale, de repréſenter une des orgies de Bacchus. Probablement le nouveau Roi aſpirait aux conquêtes du Dieu & à ſon apothéoſe, car l'abſurdité de la fête ne pouvait être ſauvée que par le voile ingénieux de l'allégorie.

Dès la pointe du jour on vit ſortir du palais un grand nombre de Silènes, chargés d'écarter la foule, & de faire obſerver l'ordre parmi les ſpectateurs de la cérémonie.

Quarante Satyres ſuivaient la marche; ils étaient accompagnés d'un certain nombre de génies de la victoire, déployant des aîles d'or & portant des vaſes de neuf pieds de haut, où l'on faiſait brûler des aromates.

Ce cortege protégeait un autel double, ombragé de lierre, ſur lequel repoſait une couronne d'or.

On voyait enſuite défiler ſix vingt Miniſtres ſubalternes des Dieux, tous dans la fleur de l'adoleſcence, tous portant une double couronne d'or, l'une à la main & l'autre ſur la tête.

L'attention ſe fixait bientôt ſur un grouppe de trois perſonnages allégoriques, dont l'un repréſentait Mercure, & l'autre une Renommée; au milieu d'eux était une eſpece de géant, qui avait chauſſé le cothurne de la Tragédie, & qui portait dans ſes mains coloſſales une corne d'abondance. Ce géant était le ſymbole de l'année.

Une très-belle femme, d'une taille coloſſale & chargée d'une palme, ſuivait le grouppe; le héraut de la cérémonie l'appellait la *révolution des cinq années*; on pouvait la déſigner ſous le nom de l'*Olympiade*.

Les quatre Saiſons ſuivaient, mais non à demie-nues, ſuivant le coſtume de l'ancienne Mythologie.

Il eſt inutile de dire que preſque tous ces perſonnages, ainſi que les Satyres qui empêchaient les grouppes de ſe confondre, portaient des vaſes, des trépieds, ou des couronnes d'or ſculptées, avec des ornemens qui imitaient le lierre; car les Hiſtoriens prodiguent l'or dans cette Bachanale, comme les anciens Poëtes Egyptiens, dans la deſcription du tombeau d'Oſymandias.

Philiſcus, Prêtre de Bacchus, & Poëte dramatique, ſuivait, accompagné des acteurs de ſes pieces, des danſeurs, & de tout l'orcheſtre deſtiné à ſon ſpectacle.

A cet intervalle, roulait un char à quatre roues, traîné majeſtueuſement par cent quatre-vingt hommes, qui portait un Bacchus de quinze pieds de hauteur, avec ſes Prêtres, ſes Interprêtes, ſon berceau de lierre, ſes thyrſes, & tous les attributs phantaſtiques de ſa divinité.

Les Bachantes entouraient le char ſacré : c'étaient de jeunes femmes les cheveux épars, armées de poignards & de thyrſes, ou des ſerpens étaient entrelaſſés; elles tâchaient, par religion, de ſe rendre hideuſes, & grace à leur jeuneſſe, la plupart n'y réuſſiſſaient pas.

La nourrice de Bacchus, la nymphe Nyſa, ſuivait, ſur un autre char traîné par ſoixante hommes : la ſtatue de la Nymphe, qui avait douze pieds de haut, ſe levait par un méchaniſme particulier, pour épancher du lait d'une coupe d'or; enſuite elle ſe remettait d'elle-même ſur ſon trône.

Après, venait un autre char, long de trente-ſix pieds, & large de vingt-quatre, ſur lequel était un immenſe preſſoir, d'où le vin découlait ſans ceſſe : ce char était traîné par trois cents hommes.

Le décorateur de la fête en avait attelé ſix cents au char qui portait l'outre du Dieu de la Vendange; auſſi cet outre formé de peaux de léopards, couſues enſemble, tenait trois mille meſures de vin; le même nombre d'hommes tirait une cuve d'argent, renfermant ſix cents tonneaux, & portée ſur un char d'une grandeur démeſurée. Les gens de l'art admiraient le travail de cette cuve ciſelée avec goût, portant des figures d'animaux aux bords, aux anſes & à la baſe, & ceinte au milieu d'une couronne d'or, ornée de pierres précieuſes.

On aurait dit que Philadelphe était l'unique héritier des conquêtes d'Alexandre, tant l'or & l'argent était prodigué à cette fameuſe Bachanale. Sans parler d'une foule prodigieuſe d'inſtrumens de ſacrifices, qui n'étaient que revêtus de feuilles d'argent; on portait en argent maſſif deux coupes de dix-huit pieds de large, ſur neuf de hauteur, deux preſſoirs, une table de dix-huit pieds de long, & trente de ſix, vingt-ſix cruches, ſeize flacons, cent ſoixante vaiſſeaux, dont le plus petit tenait deux tonneaux, & quatre-vingt-quatre trépieds, à la façon de ceux de Delphes, dont l'un avait vingt-quatre pieds de circonférence.

L'or ne coûtait pas plus que l'argent à nos peintres de féeries : on voyait, diſent-ils, au milieu de la pompe triomphale, en or maſſif, des vaſes couronnés de pampre, à la façon des Lacédémoniens (qui cependant furent ſept cents ans, ſans faire uſage de l'or), d'autres à la Corynthienne, c'eſt-à-dire beaucoup plus chargés de ſculpture; un preſſoir, des ſeaux immenſes, quatre grands trépieds, un autel de quatre pieds & demi, & une corbeille enrichie de pierres précieuſes, qui avait quinze pieds de circonférence.

Cet étalage ſi peu vraiſemblable de tant d'or & d'argent entaſſé ſur des chars, n'empêchait pas qu'il n'y en eût une profuſion, non moins grande, parmi les Coryphées de la cérémonie; deux cents cinquante jeunes Egyptiens, dit l'enthouſiaſte Athénée, portaient des vaſes d'or, quatre cents des vaſes d'argent, & trois cents vingt des ſeaux d'or, deſtinés à rafraîchir des liqueurs. Après cela, on héſite à parler de ſeize cents Miniſtres des autels, qui, dans leur attirail vraiment Spartiate, ne ſe faiſaient diſtinguer que par la tunique blanche dont ils étaient revêtus, & n'avaient que des couronnes de lierre ou de branches de pin.

On s'était proposé, dans cette pompe triomphale, de mettre en action presque toute la vie fabuleuse du Conquérant de l'Inde : ainsi on n'eut garde d'omettre l'antre où il avait été élevé au sortir de la cuisse de Jupiter. Cet antre, placé sur un char de trente-trois pieds de long sur vingt-un de large, était ombragé de lierre & de pampres de vigne, & il en sortait à chaque secousse des pigeons ou des tourterelles liées par les pattes avec des bandelettes, afin que ceux qui entouraient le char pussent s'en saisir. Il y avait dans cette grotte factice, une fontaine de lait & une autre de vin. Mercure & les Nymphes nourrices de Bacchus, la couronne d'or en tête, s'abreuvaient tour-à-tour à l'une des deux fontaines. Tout cet équipage était si lourd, que le char avait un attelage de cinq cents hommes.

Sur un autre char, on avait représenté l'expédition de Bacchus dans les Indes. Le Dieu y paraissait avec une taille de dix-huit pieds de hauteur, assis sur un éléphant non moins coloſſal, & ayant un cortége de cinq cents jeunes filles toutes vêtues de tuniques de pourpre, & portant des ceintures d'or, au milieu deſquelles caracollaient cinq grouppes d'ânes montés par des Satyres.

Les chars ſervant de ſuite à celui de Bacchus, étaient ſans nombre : on en comptait vingt-quatre traînés par des éléphans, ſoixante par des boucs, douze par des lions, ſix par des eſpèces de gazelles, quinze par des buffles, quatre par des zèbres, ſept par des cerſs, & huit par des autruches.

Quelques-uns de ces chars portaient des tentes Indiennes, d'autres juſqu'à trois cents livres d'encens, de cinnamome & d'autres aromates.

Il ne faut pas oublier dans cette énumération digne des mille & une Nuits, des Ethyopiens armés de piques, & chargés de ſix cents dents d'éléphans & de deux mille branches d'ébène ; des chaſſeurs de la Scythie conduiſant des meutes de deux mille quatre cents chiens, & cent cinquante hommes de je ne sais quelle nation, portant des arbres entiers avec autant de légèreté que le Roland de l'Arioste les déracine à l'Opéra, quand on lui apprend la perfidie d'Angélique.

La marche des animaux n'est pas moins curieuse que celle des hommes. On avait rangé en file cent trente moutons d'Ethyopie, trois cents brebis Arabes, un grand ours blanc, vingt-quatre lions terribles, quatorze léopards, seize panthères, quatre lynx, une giraffe & un rhinocéros.

Bacchus reparaissait encore à la suite de ces animaux, que sa baguette sans doute avait apprivoisés. Il était représenté se réfugiant à l'autel de Rhéa, lorsque Junon vint le persécuter. Sa statue, par le plus bizarre des mêlanges, avait pour cortége celles de Junon & d'Alexandre, de Priape & de Ptolemée, de la Vertu & de la ville de Corynthe. L'Historien, à qui l'or ne coûte rien, suppose toujours que ce métal est la matière des couronnes de ces ſtatues ou de leurs diadêmes.

Je crains qu'on ne m'accuſe d'en impoſer à mon ſiècle, quand, pourſuivant cette énumération également ſuſpecte & faſtidieuſe, je dirai qu'on voyait défiler, ſur d'autres chars, trois cents vaſes d'or deſtinés à faire brûler des parfums, cinquante autels entourés de couronnes d'or, à l'un deſquels étaient attachés quatre candelabres de même métal, ayant quinze pieds de hauteur, un trépied delphique d'or de quarante-cinq pieds, dont les ornemens de ſculpture étaient des animaux de ſept pieds & demi, un thyrſe d'or de cent trente-cinq pieds, une ſtatue d'Alexandre, d'or maſſif, & un trône pour le premier des Ptolemées, ſurmonté d'une couronne d'or du poids de dix mille ſtatères (*a*). L'Ecrivain, dans ſa

(*a*) Une conjecture ingénieuſe fixe à cent ſoixante grains le poids de ſtatère d'or Attique: d'après ce calcul, il faudrait évaluer au moins

defcription orientale, a oublié de dire s'il fallait fuppofer de même métal une couronne facrée, à laquelle il donne cent vingt pieds de circonférence, & deftinée à décorer un temple de Bérénice.

La pompe triomphale avait pour cortége cinquante-fept mille fix cents hommes de pied, & vingt-trois mille deux cents hommes de cheval, tous vêtus & armés avec magnificence.

Quand on ne fe laiffe point éblouir par le vain fpectacle de l'or, on admire très-peu la fête pour l'avénement de Philadelphe : le goût fans lequel la richeffe n'eft rien, ne s'y fait fentir nulle part. On voit qu'un Defpote de l'Afie pouvait, en faifant fculpter l'or en lingots amoncelé dans les fouterrains de fon palais, commander la même fête aux Satrapes, fes premiers efclaves. Periclès, qui érigea le beau monument des Pro-

---

à deux cent quatre-vingt fept mille livres le prix de la feule couronne de Ptolemée.

pylées, n'aurait jamais imaginé la Bachanale puérile de Philadelphe.

Outre ce défaut de goût, il règne un merveilleux dans la description d'Athénée, qui détruit tout-à-fait notre enthousiasme. Assurément il n'y avait pas dans toute l'Afrique assez d'or en lingots pour faire tous les ouvrages qu'on étala dans cette pompe triomphale : j'ajouterai qu'il s'y trouvait encore moins d'or monnoyé pour les payer. Aussi dans l'hypothèse que les Historiens originaux n'ont rien exagéré, il faudrait regarder comme une absurdité évidente que cette fête n'eût coûté à Philadelphe que deux mille deux cents trente-neuf talens, c'est-à-dire un peu plus de douze millions.

RÈGNE

DE PHILADELPHE (a).

PTOLEMÉE II, était né dans l'isle de Cos, vers la quinzième année du règne de son père, & on croit qu'il en avait vingt-cinq quand il succéda à ce grand homme. A la première ambassade que lui envoya Ceraunos, de la Macédoine, où il s'était réfugié, afin de prouver à ce Prince que le choix de son père ne lui avait point fait faire divorce avec la nature, il prit le surnom de *Philadelphe*, qui signifie en grec *l'ami de ses frères ;* & ce nom lui fut confirmé dans le sens d'une ironie cruelle, lorsqu'ayant à se plaindre de deux de ses

(a) *Justin.* lib. 17 & 26, *Appian.* in Syriac. *Pausan.* lib. 1 & 3, *Theocrit.* Idyll. 17, *Diod. Sicul.* Excerpt. Legat. *Biblioth.* Phot. Cod. 124.

frères, issus comme lui, de Bérénice, il appaisa leurs murmures, en les envoyant au supplice.

Ceraunos, qui ne se fiait point à ce nom de Philadelphe, ne voulut point rentrer en Egypte ; il assassina Séleucus, & devint, par ce crime, Roi de Macédoine.

Il paraît que Ceraunos, qui se connaissait en tyrannie, eut raison de soupçonner Philadelphe. Le Monarque Egyptien haïssait le frère qu'il avait supplanté, & malgré tout son machiavélisme, sa manière de penser se trahit bientôt par ses violences envers Démétrius de Phalère. Démétrius, un des derniers Héros de la Grèce expirante, consulté par Ptolemée sur le choix de son successeur, lui avait conseillé de ne point intervertir l'ordre de la nature. Philadelphe en avait été instruit, & le cœur ulcéré, il ne manqua pas, du moment où il fut Roi, de faire arrêter cet homme juste, & de le transférer dans une citadelle, où il périt bientôt de la piquure d'un aspic : Démétrius venait d'expirer, quand Philadelphe ſigna l'ordre de ſon ſupplice.

Plus Philadelphe s'affermit ſur ſon trône, plus il fit regretter le premier des Ptolemées. De ſes deux frères, Argée & Méléagre, le premier ayant voulu ſe faire l'interprête de l'indignation publique, en conjurant pour lui ôter la couronne, il le prévint, en le faiſant mourir. Le ſecond, qui avait ſuccédé au trône de Macédoine, uſurpé par Ceraunos, ayant été chaſſé par ſes peuples, après un mois & demi de tyrannie, & s'étant réfugié dans l'iſle de Chypre, Philadelphe qui le ſoupçonna de chercher par des intrigues, à ſe faire un parti parmi les Inſulaires, le fit juger dans ſon conſeil comme coupable de lèze-majeſté au premier chef, & l'envoya au ſupplice.

Les Gens de Lettres que Philadelphe protégea, parce qu'il eut aſſez de génie pour ſentir le beſoin qu'il avait d'eux, ont beaucoup exalté la douceur de ce Prince & ſa modération. Pour nous, qui jugeons les Rois par les faits, & non par les livres, nous ne pouvons nous empêcher de regarder Philadelphe comme un homme de ſang, à qui il ne manqua que d'être contredit plus ſouvent dans les actes de ſon deſpotiſme, pour régner à la manière des Cambyſe & des Néron. La femme du Monarque ne tarda pas à éprouver qu'un mauvais frère eſt rarement un bon époux. Cette Princeſſe, fille de Lyſimaque & mère de Ptolemée Evergète, l'héritier préſomptif de la couronne, fut tout-à-coup dédaignée par Philadelphe, & traitée avec autant de mépris, que ſi elle fût née dans la claſſe abjecte des Courtiſanes : c'était la ſuite d'un commerce inceſtueux du Prince avec ſa ſœur Arſinoë. Le myſtère de l'intrigue ſe dévoila bientôt; alors la Reine, toute entière à ſa ſombre jalouſie, réſolut de ſe venger comme les Médée, par le poiſon. Le complot mal ourdi, fut découvert. Le Monarque furieux, envoya à l'inſtant, au ſupplice, ſon premier Médecin, qui y avait trempé,

& il relégua la Reine dans les déserts de la Thébaïde.

Cet acte terrible de justice fit d'autant plus de tort à Philadelphe, que les soupçons de la Princesse exilée, ne tardèrent pas à se réaliser : à peine l'infortunée touchait-elle les frontières de la Thébaïde, que sa rivale fut nommée Reine d'Egypte, & couronnée comme telle à Alexandrie. On justifia à la Cour cet inceste par l'exemple de Cambyse ; car depuis que ce successeur de Cyrus, avait fait décider par les Jurisconsultes de la Perse, que sa volonté suprême constituait le juste ou l'injuste, il était absurde de trouver criminel un Despote.

Les Sages de l'Egypte (car elle en avait depuis son commerce avec la Grèce) ne crurent point que le despotisme pût prescrire contre la nature, & ils le dirent avec franchise. Malheureusement ce cri de la vérité ne fut point recueilli par des dépositaires des loix, mais seulement par un faiseur de libelles, nommé Sotade, ce qui rendit moins odieuſe la cauſe de Philadelphe : ce Sotade, de la même plume qu'il avait conſacrée à l'apologie du crime de Ganymède, (*a*) fit une ſatyre violente ſur l'inceſte de l'époux d'Arſinoë ; mais il ne porta pas loin la peine de ſes crimes. Patrocle, un des Amiraux de Philadelphe, le fit arrêter dans Caune, ville de l'Aſie mineure, où il s'était réfugié, ordonna qu'on lui attachât des lames de plomb autour du corps, & le fit jetter dans la mer. Les Sages ne plaignirent point Sotade, mais ils ne rendirent pas pour cela leur eſtime à Philadelphe.

Détournons nos regards de ce tableau

(*a*) Ce qui donna lieu à ce vers de Juvénal :

Inter Sotadicos notiſſima fama Cynædos.

vers que de vils détracteurs de la Philoſophie osèrent corrompre, en mettant *Socraticos* au lieu de *Sotadicos*. Nous avons réfuté dans la vie de Socrate, cette calomnie attroce contre le vertueux ami d'Alcibiade.

flétriſſant de la vie intérieure du ſucceſſeur de Ptolemée, & arrêtons-nous un moment ſur ſa vie publique, qui, à certains égards, honore ſa mémoire.

Quatre mille Gaulois, que Philadelphe avait à ſa ſolde, avaient projetté de s'emparer de l'Egypte. Ce Prince, inſtruit à propos, pour épargner le ſang de ſes ſujets, mena, ſous un prétexte ſpécieux, les rebelles dans une iſle du Delta, & les abandonna ſans vivres & ſans reſſources à leur deſtinée. Une partie de ces barbares s'éleva alors avec fureur contre ceux qui avoient imaginé un complot auſſi abſurde; on en vint à une guerre cruelle, & ils s'entretuèrent.

Philadelphe ne fut pas moins heureux dans la guerre contre Magas, un de ſes frères utérins, à qui il avait confié l'adminiſtration de la Libye & de la Cyrénaïque, & qui, à l'exemple des Généraux d'Alexandre, avait voulu ſe faire Roi du pays, dont il était Gouverneur. En vain Antiochus Soter, dont le rebelle avait épousé la fille, fit-il une diversion puissante, en conduisant une armée en Egypte. Le Roi de Syrie fut contraint de retourner avec précipitation dans ses états; & Magas, réduit à signer une paix dictée par le vainqueur, la cimenta, en donnant Bérénice, sa fille, en mariage à Ptolemée Evergète, successeur de Philadelphe.

Un des plus beaux traits de l'administration de Philadelphe, fut d'avoir protégé sa marine au point de lui avoir donné l'empire des mers. Depuis un grand nombre de siècles, les Phéniciens étaient en possession de tout le commerce de l'Orient: ils le faisaient par mer jusqu'à Elath, devenu, par la ruine d'Esiongaber, la clef de la mer Rouge; ensuite ils transportaient leurs marchandises par terre jusqu'à Rhinocorure, un des meilleurs ports de la Méditerranée; & là, remontant sur des vaisseaux de leur nation, ils franchissaient la mer orageuse qui les séparait de Tyr, leur métropole. Philadelphe était trop bon politique pour ne pas voir avec les yeux de la rivalité, les trésors immenses qu'une pareille navigation tirait de l'Arabie, de l'Inde & de la Perse; il projetta alors d'enlever ce grand commerce à la Phénicie, pour le procurer à l'Egypte. A cet effet, il fit bâtir sur la côte occidentale de la mer Rouge, vis-à-vis de Syene, dans la Thébaïde, une ville à laquelle il donna le nom de sa mère Bérénice. Les premiers vaisseaux qui mouillèrent dans son port, ne le trouvèrent pas assez sûr; mais le Prince ne se découragea pas; il fit nettoyer celui de Myos'-Hormos, plus proche de Delta, & sa nouvelle tentative eut tout le succès qu'il pouvait en attendre. Myos'-Hormos devint l'entrepôt général de l'Asie & de l'Afrique. De ce port, on transportait les marchandises à dos de chameaux jusqu'à Coptos, d'où elles descendaient par le Nil jusqu'à Alexandrie, qui les faisait passer en Europe. La métropole de l'Egypte renvoyait en échange à l'Orient tout ce qu'elle recevait de l'Occident. C'est ainsi que peu-à-peu Alexandrie devint une des capitales de l'univers.

Du moment que Philadelphe ſe vit maître du commerce des mers, il réſolut de le maintenir, en rendant l'accès de toute l'Egypte facile, ſoit aux étrangers, ſoit aux indigènes. La route nouvelle de Coptos à la mer Rouge, traverſait des déſerts arides, qui effarouchèrent les premières caravanes. Le Monarque fit creuſer un canal communiquant du Nil à la mer qui baignait Myos'-Hormos, &, de diſtance en diſtance, la chauſſée fut couverte d'hôtelleries. Outre cela, deux flottes formidables qui croiſaient ſans ceſſe, l'une ſur la mer Rouge, & l'autre ſur la Méditerranée, empêchaient les navigateurs Egyptiens, de ſubir les brigandages des pirates. Cette longue proſpérité dont jouit la marine marchande ſous le règne de Philadelphe, fit de ſa Monarchie une des plus riches du monde connu. Les villes, dès-lors, ſe multiplièrent en Egypte; & l'ami de la population alla jusqu'à envier à un luxe frivole, les plaines que les Pharaons avaient couvertes de leurs pyramides.

C'est d'après l'enthousiasme, que cette partie brillante de l'administration de Philadelphe, dut exciter dans toute l'Europe, qu'on serait tenté de pardonner à Théocrite l'exagération orientale, avec laquelle il mit trente-trois mille trois cents trente-neuf villes dans sa petite Monarchie : car l'Egypte alors n'aurait été qu'une seule ville, dont une des portes aurait été à Syene, & l'autre à l'extrémité d'Alexandrie.

Quand on embrasserait, sous le nom de l'Egypte, le reste des possessions des Ptolemées, l'hyperbole de Théocrite n'en deviendrait guere plus raisonnable. Il est avéré, qu'à l'époque où la marine Egyptienne était la plus perfectionnée, il n'y avait que l'extrémité de l'Arabie, les bandes de terres de la Célesyrie, & de la Palestine, & quelques villes maritimes de la Phénicie & de l'Asie mineure, qui reconnussent les loix de Philadelphe.

Telle était l'importance de cette navigation, établie par le second des Ptolemées, que nous verrons, après la conquête de l'Egypte par les Romains, ce peuple dominateur, la protéger avec énergie. Les Sarrasins, après la mort de Mahomet, maîtres de cette belle contrée, adoptèrent la politique Romaine. Et on peut dire que le commerce de l'Orient, ouvert par Philadelphe, subsista presque dans toute sa vigueur, durant dix-sept siècles & demi, jusqu'à ce que les Portugais le firent tomber, en imaginant la route des Indes orientales, par le cap de Bonne Espérance.

Philadelphe, pour cimenter encore sa puissance, s'allia avec les Romains, dont l'ambition inquiète commençait à jetter des regards jaloux sur la succession d'Alexandre. Il contracta aussi une amitié étroite avec Aratus, le Héros de Sicyone, à qui il envoya des sommes immenses, pour empêcher le dernier souffle de la liberté Grecque de s'exhaler, & de qui il reçut en échange, des tableaux d'Apelle, & des ſtatues de Phidias.

Le goût raiſonné que Philadelphe témoigna pour les arts, & ſes lumières, acheva de diſſiper les nuages qu'avait fait naître ſa tyrannie primitive. On ſait que c'eſt à ce Prince qu'eſt due la fameuſe verſion de là Bible, par ſoixante & douze interprêtes, ſi connue ſous le nom de verſion des ſeptante; l'ouvrage fut commencé & terminé à l'Iſle de Pharos, dans l'eſpace de ſoixante & douze jours. Et Philon, pour prouver que le génie de l'homme n'y entrait pour rien, ajoute: que quoique les ſoixante & douze traductions fuſſent faites ſéparément, quand on les confronta enſemble, il ne s'y trouva pas un ſeul mot de différence (*a*); le texte hébreu avait été fourni en lettres d'or par le Grand-Prêtre Eleazar.

Comme la bibliothèque des Ptolemées, qui s'augmentait de jour en jour, rem-

(*a*) *Phil.* de Vit. Moyſis, lib. 2.

pliſſait toutes les ſalles du Bruchion, Philadelphe fit conſtruire, pour les nouveaux fonds de livres qu'on lui envoyait de toutes les parties du globe policé, un grand vaiſſeau près du Temple de Sérapis; c'eſt ce qu'on nomme la bibliothèque du Sérapéon; on en place la fondation dans la cent trente-deuxième olympiade.

Les premiers bienfaits de Philadelphe tombèrent ſur Straton de Lampſaque, ſon inſtituteur, qui avait tenté d'adoucir par une philoſophie douce & bienfaiſante, ſon caractère, que la nature & le deſpotiſme portaient également à la férocité. Quatre-vingt talens, plus de quatre cents trente-trois mille livres qu'il lui donna, l'empêchèrent de paſſer ſa vie dans le tonneau de Diogène.

La renommée d'Ariſtote à cette époque, rempliſſait le monde conquis par ſon élève. Philadelphe recueillit à grands frais tous les ouvrages de ce fondateur du péripatétiſme; il craignait tellement de ne pas les avoir complets qu'il acheta jusqu'à des traités apocryphes, que l'ignorance ou l'envie mettaient sous le nom de ce philosophe.

L'Histoire fut cultivée avec quelque succès sous le règne de ce Prince. Il nous reste encore des fragmens précieux de celle d'Egypte, qui lui fut dédiée par Manethon. On sait que sans le travail de ce fameux Prêtre d'Héliopolis, il ne nous resterait aucun fil pour nous guider dans le cahos des dynasties des Pharaons, & dans leur chronologie.

La partie de la littérature, que Philadelphe protégea vraiment de toute l'énergie de son pouvoir, fut la poésie. On sait que c'est celle qui fait le moins d'ombrage au pouvoir absolu. Il paya très-cher aux Athéniens la permission de tirer des copies des œuvres d'Eschyle, de Sophocle & d'Euripide, sur les originaux qu'on conservait dans les archives de la République. Presque tous les Poëtes du temps, appellés dans Alexandrie par ses bienfaits, lui consacrèrent leur plume venale & leur encens, ſans conſéquence. On cite entr'autre, Lycophron, qui remplit la Cour de ſes anagrammes adulateurs ſur les amours de Philadelphe & d'Arſinoë; & Théocrite, le premier des Poëtes Bucoliques de l'antiquité, qui, ôtant quelquefois à ſes bergers le pipeau paſtoral, pour leur faire emboucher la trompette de l'Epopée, pervertit ſon goût, pour témoigner ſa reconnoiſſance au Monarque, dont il faiſait l'apothéoſe. Parmi les Poëtes qui firent fortune à la Cour de Philadelphe, on eſt fort étonné de rencontrer ce lâche Zoyle, qui tenta de renverſer de deſſus ſa baſe la ſtatue vénérable d'Homere, que le ſuffrage de pluſieurs ſiècles avait érigée. Il eſt vrai que ſon crédit ne fut pas de longue durée; ſes libelles contre les gens de lettres vivans, éclairèrent le Prince ſur ſes ſatyres contre les morts; il commença par lui retirer ſa penſion; enſuite il le fit mettre en croix, pour le crime qu'Adrien déifia dans ſon Antinoüs.

Le goût de Philadelphe s'étendit ſur-tout sur l'architecture ; il couvrit Alexandrie de monumens qui ne se ressentaient qu'à peine de la décadence du beau siècle de Périclès. Il bâtit, ou releva en Egypte, en Libye, & dans l'Asie Mineure, un grand nombre de villes, dont il fut regardé comme le fondateur. Les Géographes en citent six qui portaient le nom de Philadelphie, cinq celui de Bérénice, sa mère, & neuf celui de l'incestueuse Arsinoë. La plus fameuse de toutes, est peut-être celle d'Acé, plus connue sous le nom d'Acre, qui servait, du côté de la mer, de clef à la Palestine, & que nos pères virent rougir si souvent du sang de l'Europe & de l'Asie, au temps de l'épidémie religieuse des croisades.

Malgré tant de villes bâties dans la Monarchie des Ptolemées; malgré l'extravagance de la pompe triomphale, dont nous avons donné le tableau ; malgré les frais énormes que devait entraîner l'entretien de deux flottes, l'une sur la Méditerranée, & l'autre sur la mer

Rouge, ainſi que la ſolde réglée de deux cents mille hommes d'infanterie, de quarante mille chevaux, de trois cents éléphants, & de deux mille chars armés en guerre, on a écrit que Philadelphe laiſſa en mourant dans ſes tréſors, ſept cents quarante mille talens en numéraire, c'eſt-à-dire 4,008,333,333 livres de notre monnaie : ce calcul a ſûrement été fait d'après les mémoires des Poëtes du temps; & il faut mettre ces quatre milliards d'argent monnoyé, avec les trente-trois mille trois cents trente-neuf villes que Théocrite place dans un pays qui n'a pas l'étendue de l'Angleterre.

Philadelphe, avant de mourir, vit périr tout ce qu'il avait de plus cher, ſa tendre Arſinoë. Quoique tous les deux parvenus à un âge où l'ame ſe glace avec les organes, ne jouiſſent plus que des plaiſirs de réminiſcence, le délire de leur paſſion inceſtueuſe ſembla leur ſurvivre. Le Roi fit faire ſon apothéoſe par tous les Poëtes qu'il avait à ſa ſolde; & comme il ſe doutait que des vers adulateurs ne passeraient pas à une postérité bien reculée, il couvrit l'Egypte d'autres monumens plus faits pour immortaliser sa tendresse. Tel fut en particulier un obélisque de cent vingt pieds de hauteur, construit d'un seul bloc de granit, qu'un Roi Nectanebe avait fait transporter, à grands frais, des confins de la Thébaïde. Je n'ose, malgré l'autorité de Pline (*a*), parler d'une statue de quatre coudées, faite d'une seule topase, parce que la nature ne fait pas plus des topases de quatre coudées, que des hommes d'une demi-lieue, excepté, peut-être, dans le pays d'Eldorado, & dans le Roman de Micromégas.

Philadelphe survécut peu à l'objet qu'il avait tant aimé; il était lui-même rongé de goutte, & atteint de toutes les infirmités qui annoncent la vieillesse. Malgré ce cachet de la faiblesse humaine, on dit, qu'enivré par l'encens de tout ce qui

(*a*) *Hist. Natur.* lib. 37, cap. 8.

l'environnait, il avait la démence de se croire immortel. La mort vint le frapper vers la soixante-quatrième année de son âge, qui était la trente-huitième de son règne (*a*). Cette époque tombe, suivant une chronologie rectifiée l'an 1235, de l'ère de Paros, qui concourt avec la soixante & dix-septième de celle des Ptolemées, ou à la deuxième de la cent trente-troisième olympiade.

(*a*) Cependant le judicieux Vaillant cite une Médaille frappée à Paphos, qui porte dans l'exergue la quarantième année du règne de Philadelphe. Voyez *Histor. Ptolemeor.*

HISTOIRE D'EVERGÈTE (a).

PTOLEMÉE III, furnommé *Evergète*, ou *Bienfaiteur*, parce qu'il rapporta de Perfe les Dieux d'Egypte, que Cambyfe en avait enlevés, était né de la Reine que répudia Philadelphe, & fut adopté par fa rivale Arfinoë. Il eft probable qu'il fut affocié au trône deux ans avant la mort de fon prédéceffeur : du moins ce ferait le feul moyen de concilier le monument d'Adulis, qui lui donne vingt-fept ans de règne avec la chronologie des Ptolomées, qui ne lui en affure que vingt-cinq. Ce

(a) *Juftin.* lib. 27, *Appian.* in Syriac. *Valer. Maxim.* lib. 9; *Plin.* Hiftor. Natur. lib. 7, *Jofeph.* contr. Appion. *Athen.* Deipnofoph. lib. 12, *Marm. Adulit.* Apud Cofmam Collect. pp. Græc. tom. III.

monument d'Adulis, malgré ſes erreurs, a trop de célébrité dans le monde ſavant, pour ne pas conſacrer, à le faire connaître, quelques lignes de cette hiſtoire des hommes.

Le voyageur Coſmas, qui parcourut une partie de l'Afrique & de l'Aſie, vers le milieu du ſixième ſiècle de l'ère vulgaire, rencontra dans Adulis, ville de la Troglodyte, ſur les bords de la mer Rouge, un trône de marbre de Paros, ſur lequel était aſſis un Roi d'Egypte, entre un Mercure & un Hercule ; il y avait diverſes inſcriptions ſur une table du même marbre, qui était adoſſée au monument. Le Roi y parlait lui-même, & ſe qualifiait de fils de Philadelphe : rien de plus faſtueux que l'étalage qu'il y fait de ſa puiſſance. « Je » tire, dit-il, mon origine de Jupiter, j'ai » reçu de mon pere une Monarchie qui » s'étend ſur l'Egypte, la Libye, la Syrie, » la Phénicie, la Lycie, la Carie, l'iſle » de Chypre & les Cyclades ; j'ai ſub- » jugué les Provinces en-deçà de l'Eu-

» phrate, la Mésopotamie, la Babylonie, » la Médie, la Susiane & la Perse. Bactres » m'a vu entrer en triomphe dans ses » remparts ; & j'ai rendu à l'Egypte l'or » & les Dieux que le fils de Cyrus lui » avait enlevés. Revenu, couvert de gloire, » dans le sein de mes états, j'ai porté mes » armes victorieuses au centre de l'Afrique, » & soumis des pays où jamais conqué- » rant n'avait pénétré : j'ai paru ensuite » en Arabie, après avoir traversé la mer » Rouge & ayant fait porter mon joug à » la contrée heureuse qui produit des » aromates, j'ai dressé un trophée dans » Adulis, & consacré au Dieu de la » guerre, mon trône & ma statue ».

Il semble, après avoir lu cette description fastueuse, qu'Evergète ait été un nouvel Alexandre, qui a rempli l'univers de sa renommée ; mais il est démontré que ni Rome, ni la Grece, n'ont entendu parler de ses exploits. Toutes ces prétendues conquêtes se réduisent à une incursion passagère en Asie & dans la haute

Thébaïde : le héros de théatre employa deux mois à parcourir une partie de ces vastes contrées, qu'il aurait été dix ans à subjuguer, s'il avait eu le génie belliqueux des Cyrus & des Sémiramis.

Le monument d'Adulis n'est donc pas plus le garant des palmes triomphantes d'Evergète, que les vers adulateurs de Théocrite, ne le sont de celles de Philadelphe : il faut mettre ce trophée avec celui de cet Empereur Romain, qui triompha de la Grande Bretagne, parce que dans un voyage le long de ses côtes, il y ramassa des coquilles.

L'incursion d'Evergète dans la haute Asie, eut pour prétexte de punir les crimes de Laodice. Antiochus Theos, Roi de Syrie, quelques années auparavant, avait épousé Bérénice, fille de Philadelphe, à condition qu'il répudierait Laodice, dont il avait déjà deux fils; & qu'il exclurait ceux-ci de la couronne, pour la faire passer sur la tête des enfans qui naîtraient de son second mariage. Ce traité blessait eſſentiellement le droit de la nature. Mais dans les querelles des Rois, on ne cite d'ordinaire, que le droit des couronnes; auſſi le traité ne ſubſiſta qu'autant que l'Egypte, qui l'avait dicté, ſe fit craindre. A peine Philadelphe était-il expiré, que le Séleucide répudia Bérénice, & fit remonter ſur le trône Laodice. Celle-ci qui appréhenda que ſon époux, par un effet de ſa légèreté naturelle, ne retournât à ſa rivale, employa l'art des Locuſte & des Médée pour aſſurer le trône à ſes fils. Elle commença par empoiſonner Antiochus; enſuite, enhardie par l'impunité, elle donna ordre à deux ſatrapes d'aller égorger Bérénice, avec un fils au berceau, qu'elle avait eu du Monarque. La Princeſſe Egyptienne, informée du complot, ſe ſauva dans l'aſyle de Daphné, où elle ſe vit à l'inſtant inveſtie par une armée Syrienne. L'enfant royal, au milieu du tumulte, fut enlevé & mis à mort. Bérénice, qui ne vit le danger de ſon fils, que quand ſon ſang commença à couler, hors d'elle-même, à un ſpectacle ſi terrible, s'élance ſur ſon char, & pourſuit au travers des rangs ennemis, le ſatrape qui avait ſi bien ſervi les fureurs de Laodice : elle l'atteint bientôt d'un coup de pierre, fait paſſer ſes chevaux ſur ſon corps expirant, & au travers d'une grêle de traits, rentre dans ſon aſyle.

Laodice preſſentit bientôt qu'il y avait du danger pour elle à ſe couvrir ſi publiquement du ſang de ſa rivale ; elle eut recours au plus odieux des ſtratagêmes : le Médecin Ariſtarque, corrompu par ſon or, alla trouver Bérénice dans Daphné, lui dit que ſon fils, légèrement bleſſé, vivait encore, & lui offrit une garde de Gaulois pour la ramener dans ſon palais, lui faiſant entendre que ſa préſence exciterait une révolution dans Antioche. L'infortunée, qui avait triomphé de la force ouverte, ne ſe défia pas de la perfidie ; elle ſortit de ſon aſyle pour voir ſon fils ; mais à peine eut-elle fait quelques pas dans Antioche, que les barbares l'aſſaſſinèrent.

Pendant que cette ſcène tragique ſe paſſait, Evergète s'approchait de la Syrie avec une armée, pour délivrer ſa ſœur; l'infortunée n'était plus, & il ne put que la venger; Antioche fut aſſiégée, priſe d'aſſaut, & la coupable Laodice miſe à mort. C'eſt alors qu'Evergète voyant la haute Aſie conſternée de ſa victoire, paſſa l'Euphrate, & ravagea les provinces occidentales de la Perſe. Les conquérans menaçaient Suze, lorſque la nouvelle vint d'une ſédition dangereuſe, élevée en Egypte; alors Evergète reprit la route d'Alexandrie, emportant de ſon expédition deux mille cinq cents, tant idoles que vaſes ſacrés, fruits des brigandages de Cambyſe, & ſur-tout, quarante mille talens (près de vingt-deux millions de notre monnaie), que ce Prince peu généreux préférait à la poſſeſſion de tous les Dieux de la Mythologie. Cette incurſion des Egyptiens dans la haute Aſie, ne dut pas, comme nous l'avons déjà dit, avoir plus de deux mois de durée, puisqu'elle fut terminée la première année du nouveau règne. Ainsi elle ne méritait pas que le monument d'Adulis, fît d'Evergète un nouvel Alexandre.

La présence d'Evergète, vainqueur de la Syrie & de la Perse, dissipa bientôt les troubles de l'Egypte ; personne ne témoigna une joie moins étudiée de ce retour, que Bérénice. Cette Princesse, à la fois sœur & femme du Monarque, suivant l'usage incestueux des Ptolemées, tremblante à la vue des dangers que son époux allait braver dans la haute Asie, avait fait vœu, s'il revenait couvert de gloire de son expédition, de consacrer aux Dieux sa belle chevelure. A la vue d'Evergète entrant en triomphe dans Alexandrie, sacrifiant sa vanité à son amour, elle coupa en effet ses cheveux, & les envoya en Chypre, dans un Temple que Philadelphe avait fait ériger à sa chère Arsinoë. Les Prêtres qui n'attachaient pas à des cheveux consacrés le même prix que Bérénice, les égarèrent; & ce présage sinistre allait remplir d'amertume la vie de la Princesse, lorsque la flatterie vint réparer le mal de la superstition. Il y avait alors à la Cour un Mathématicien célèbre, Conon de Samos, qui, né avec un génie souple & fait au manège de l'intrigue, n'attendait pas de ses calculs toute sa renommée: instruit de la douleur profonde de l'épouse d'Evergète, il imagina l'apothéose des cheveux égarés, & le soir même, montrant à des courtisans peu Astronomes, sept étoiles, jusqu'alors sans noms, qui touchaient au signe céleste de la queue du lion, il les assura que c'était la chevelure de Bérénice. Cette adulation ingénieuse fit fortune à la Cour. Le Poëte Callimaque, à l'affut de tout ce qui pouvait faire tomber sur lui les graces du Souverain, s'empara de l'idée du Géomètre, & composa sur la nouvelle apothéose, un poëme que Catulle a traduit en latin, sous le nom de la *chevelure de Bérénice.* Il ne faut pas s'étonner qu'un Mathématicien & un Poëte, aient réussi à faire croire à des Princes ignorans & superstitieux, que des cheveux avaient été changés en étoiles. Mais ce qui nous semble bien étrange, c'est que le nom de la *chevelure de Bérénice*, se soit conservé dans le ciel des Astronomes.

On connaît peu les détails des vingt-cinq ans du règne d'Evergète. L'Egypte, dans cet intervalle, fut toujours en paix; or, ce sont les guerres, les complots, les révolutions qui donnent du mouvement à l'histoire. En général, les peuples dont on parle peu, sont les seuls fortunés; mais aussi l'homme de génie ne s'amuse pas à écrire leurs annales.

Evergète semble le dernier des Ptolemées qui ait laissé une douce mémoire à ses peuples. L'histoire désormais va prendre une teinte plus noire; nous allons voir les empoisonnemens, les assassinats & les parricides émaner du trône; les Monarques agir contre leurs sujets, &

les ſujets réagir contre leurs Monarques, juſqu'à ce que l'état entr'ouvert par ſa baſe, s'écroule & devienne la proie des conquérans du monde.

Evergète même fut, dit-on, la première victime de cette nouvelle dynaſtie de monſtres qui va occuper le trône des Ptolemées. S'il en faut croire l'abréviateur de Trogue Pompée (*a*), le fils de ce Prince, & l'héritier préſomptif de la Couronne, impatient de régner, lui donna un breuvage empoiſonné, qui le fit périr avant l'âge. Ce parricide ayant tranſpiré, l'indignation publique flétrit le coupable du nom ironique de *Philopator* (l'ami de ſon père), nom odieux qu'il chercha, au reſte, à juſtifier pendant le cours de ſon règne, par tous les crimes que ſuppoſe un parricide.

La mort d'Evergète touche à l'an 1360

(*a*) *Juſtin.* lib. 29, cap. 1. Cependant le ſage Polybe, *Hiſtor. lib.* 2, fait périr Evergète d'une mort naturelle.

de l'ère de Paros. Il y avait alors cent deux ans qu'Alexandre n'était plus. Ainsi, l'âge brillant de la maturité de l'Egypte, n'occupe que l'intervalle d'un siècle : l'histoire en marque deux, pour la durée de sa longue décadence.

CONJURATION
DE CLÉOMENE (a).

A peine le parricide Philopator était-il Roi, qu'il continua à parcourir la carrière des grands crimes, en tramant la mort de Cléomène, héros ſur lequel nous allons d'autant plus volontiers arrêter nos regards, qu'il ſemble le dernier des Rois de Sparte qui ait eu quelque choſe du génie & de la grandeur d'ame du héros des Thermopyles.

Cléomène, quoique très-jeune, avait commencé ſon règne à Lacédémone, par un trait de rigueur bien fait pour effrayer les ennemis des loix. Les Ephores, depuis long-temps aſſis ſur les marches du trône, exerçaient une double tyrannie ſur le peuple, & les Rois qu'ils étaient chargés

(a) *Polyb.* lib. 5, *Plutarch.* in Cleomen.

de protéger : les attentats même les plus odieux ne coûtaient rien à leur ambition. Agis III ayant voulu rétablir les loix de Lycurgue, ils avaient fait périr ce Monarque infortuné sur un échafaud. Cléomène, à peine revêtu de la puissance royale, pour éteindre le germe des régicides, fit assassiner tous les Ephores, à l'exception d'un seul, bannit quatre-vingt des citoyens les plus factieux, & le lendemain de cette tragédie terrible, rétablit la communauté des biens & toutes les institutions vigoureuses de Lycurgue. Quoique les mœurs de ses concitoyens fussent alors dépravées, on ne murmura qu'en secret, & le héros fut impunément au-dessus de son siècle.

Cléomène, depuis cette époque, se montra aussi grand guerrier qu'il avait été hardi législateur : il s'empara d'Argos, siége où tous ses prédécesseurs avaient échoué ; il se mesura plusieurs fois avec succès contre Aratus, le héros de Sicyone ; il finit par s'emparer d'une partie du Peloponèſe, & entoura ainſi de quelques rayons de gloire le tombeau de Lacédémone.

Les Spartiates, ſous Cléomène, firent revivre dans les combats cette valeur audacieuſe que leurs ancêtres avaient montrée contre les Xerxès & les Darius. Jamais les armées les plus nombreuſes ne les effrayaient. *Un guerrier que je commande*, diſait le Héros, *ne demande point ſi l'ennemi eſt en grand nombre, mais où il eſt.* Mot magnanime qui a pu être le germe d'un autre qui honore un de nos Héros modernes. Une vingtaine de ſoldats français avaient réſiſté pendant long-temps à un régiment tout entier : l'Officier qui combattait à leur tête fut pris enfin, & on lui demanda comment, avec une poignée d'hommes, il avait oſé tenir contre un corps d'armée. *Mon Général*, répondit le Héros, *m'a ordonné de vous combattre, & non pas de vous compter.*

Cependant Aratus ne pouvant triompher du Roi de Lacédémone, & craignant pour la liberté de la Grèce, appella Antigone dans le Peloponèse. Cléomène, pour rétablir l'équilibre, opposa l'Egypte à la Macédoine, & fit une ligue puissante avec les Ptolemées. Cependant Evergète, qui régnait alors, se défiant d'un Roi qui avait fait assassiner ses Ephores, exigea pour la sûreté des troupes auxiliaires qu'on lui demandait, qu'on lui envoyât, en qualité d'otages, la mère & les enfans de Cléomène. Il semblait que l'infortuné pressentît le sort déplorable qui attendait sa famille en Egypte. Il alla trois fois chez sa mère, pour lui faire part du traité; & trois fois la clause funeste lui glaçant la bouche, il s'en retourna sans s'être ouvert à elle. Enfin le mystère se découvrit. *Eh bien*, dit Crateſiclée (c'est le nom de l'Héroïne), *n'a-t-il pas le droit de m'envoyer, par-tout où mon corps pourra être utile à la patrie?*

Quand tout fut prêt pour le voyage d'Alexandrie, l'armée de Lacédémone accompagna les illustres otages jusqu'aux frontières maritimes de la Laconie. Crateſiclée, ſur le point de monter ſon vaiſſeau, tire Cléomène à part, & le mène ſeul dans un temple de Neptune : là, elle le tient long-temps embraſſé, comme ſi elle prévoyait que ce ſerait la dernière fois qu'elle lui donnerait, dans ſa patrie, ce gage de ſon amour maternel ; & comme le Prince, ému, s'abandonnait à toute l'amertume de ſa douleur : *Allons, Roi de Lacédémone*, lui dit-elle, *il eſt temps d'eſſuyer nos larmes. Il ne faut pas qu'au ſortir de ce temple, on nous voye rien faire d'indigne de la patrie. Que Sparte ne rougiſſe point de nous ; voilà l'unique choſe qui ſoit en notre pouvoir. Pour les évènemens, il faut les abandonner à l'Être ſuprême qui les dirige.* Enſuite, ramenant la ſérénité ſur ſon viſage, elle ſe rendit au port, monta avec courage ſur le vaiſſeau, prit ſon petit-fils entre ſes bras, & ordonna au Pilote de faire voile vers Alexandrie.

Evergète ſe connaiſſait en grandeur

d'ame : il accueillit ſes otages, & tâcha de leur faire trouver dans la Métropole de l'Egypte, une ſeconde Lacédémone.

Cependant Antigone, contre lequel Cléomène avait recherché, au dépens de ſon repos perſonnel, l'appui de l'Egypte, continuait à ſe rendre formidable. Il gagna la fameuſe bataille de Selaſie, qui lui donna Sparte & l'Empire de la Grèce : alors l'infortuné Roi de Lacédémone, plutôt que de fléchir ſous le Roi qui l'avait vaincu, alla en Egypte demander un aſyle aux Ptolemées. Evergète lui promit une flotte & de l'argent pour le rétablir ſur ſon trône, & en attendant il lui aſſigna une penſion de vingt-quatre talens (cent trente-quatre mille livres de notre monnaie), ſomme qui le rendait plus riche dans ſon exil, qu'il ne l'avait jamais été ſur ſon trône de Lacédémone.

Malheureuſement quand Evergète accueillit le Roi fugitif, il touchait à la fin de ſa carrière. L'infâme Philopator, ſon ſucceſſeur, n'était pas homme à ſouffrir, dans sa cour dépravée, l'image sacrée de la vertu, & il regarda tous les Lacédémoniens retirés dans Alexandrie, de cet œil farouche avec lequel un tyran compte ses victimes. Cléomène, de son côté, se souvenant même dans son exil qu'il était Roi, loin de capter, par des adulations serviles, la bienveillance de Philopator, se permettait des plaisanteries à la Spartiate, contre la licence de ses mœurs. Le bruit en vint aux oreilles du tyran, par la perfidie d'un Messenien nommé Nicagoras. Cet homme qui haïssait mortellement Cléomène, mais qui était trop fin courtisan pour ne pas s'annoncer dans la Grèce comme son ami, rencontra, en débarquant dans Alexandrie, le Roi de Lacédémone, qui, seul & la tête enveloppée dans son manteau, se promenait sur le rivage; il le tire de sa rêverie, l'embrasse tendrement, & lui dit que l'objet de son voyage est d'amener au Roi d'Egypte, de beaux chevaux de guerre. *Insensé*, lui répondit Cléomène, *ſi tu voulais lui faire ta cour, il fallait lui amener des Lays & des Ganymèdes.* Ce mot ne tomba pas : le perfide Meſſenien alla l'envenimer auprès de Soſibe, Miniſtre de Philopator, & il concerta avec lui une lettre au Roi d'Egypte, où il lui mandait que le plan de Cléomène était d'employer la flotte qu'on devait lui donner pour rentrer dans Lacédémone, à enlever Cyrène & une partie de l'Afrique aux Ptolemées. La lettre fut rendue, & le Prince, qui trouvait déjà Cléomène aſſez coupable de ne pas lui reſſembler, ne voulut point entendre ſon apologie, & le fit jetter avec ſes amis dans une priſon.

Les Lacédémoniens virent bientôt toute l'horreur de leur deſtinée : en vain les gardes eurent ordre de ne les laiſſer manquer de rien. Jugeant indigne de leur grande ame, d'attendre en ſilence l'arrêt de leur proſcription, comme des victimes qu'on engraiſſe pour les conduire à l'autel, ils réſolurent de délivrer l'Egypte de ſon tyran, ou de périr en dignes enfans de Lycurgue & de Léonidas. Ces infortunés étaient au nombre de douze, & il n'y en avait aucun qui, sur le point de mourir, ne fût, par son intrépidité, un nouveau Cléomène.

Les Grecs répandus dans Alexandrie, ne tardèrent pas à être instruits de la conjuration, & se réunirent pour l'empêcher d'échouer. Ils profitèrent d'un voyage de plaisir que Philopator venait de faire à Canope, & firent courir le bruit dans toute la ville, que ce Prince voulait élargir Cléomène : or, l'usage en Egypte était que quand le Souverain rappellait auprès de sa personne celui qu'il avait disgracié, il lui envoyait la veille, dans sa prison, un grand repas. Les partisans secrets de Cléomène, instruits de cet usage, préparèrent un festin somptueux, qu'ils firent passer, au nom de Philopator, dans l'édifice public où était renfermé le Roi de Lacédémone : celui-ci mit à l'instant des guirlandes de fleurs sur sa tête, ſacrifia aux Dieux libérateurs, & enivra ſes gardes, ſous prétexte de leur faire partager la joie de ſa délivrance.

Malheureuſement l'heure fixée pour la conjuration, fut avancée par les priſonniers, ſans qu'ils puſſent en inſtruire les Grecs d'Alexandrie, ce qui la fit échouer. Un Eſclave qui ſervait Cléomène, & qu'on avait mis au nombre des Conjurés, étant ſorti de la priſon ſans qu'on s'en apperçût, pour ſe rendre chez une Courtiſane dont il était amoureux, le Roi captif crut qu'on allait le trahir, & prenant à l'inſtant ſa cotte-d'armes, il força, l'épée à la main, ſes gardes ivres & à moitié aſſoupis, à lui ouvrir les portes de la priſon.

Il y avait parmi les treize Conjurés, un boiteux, nommé Hippotas. Celui-ci s'appercevant que ſes amis marchaient avec lenteur pour l'attendre : *frappez-moi*, leur dit-il : *ce n'eſt pas le ſalut d'un homme faible qui doit retarder votre victoire.* Cléomène ne ſe ſentit pas capable d'un acte de patriotiſme auſſi cruel. Il apperçut un Egyptien qui menait un cheval dans la place publique, il y fit monter Hippotas; & tranquille déſormais ſur ſon ſort, il parcourut tous les quartiers d'Alexandrie, exhortant le peuple à ſecouer le joug de ſes Deſpotes, & à ſe gouverner en République, à la manière de l'ancienne Lacédémone.

Il n'eſt pas donné à tous les hommes de vouloir être heureux à la manière des Héros. Le peuple d'Alexandrie, accoutumé à l'inertie de l'eſclavage, ne fut point tenté d'en ſortir. Les moins dégradés des Egyptiens ſe ſentaient aſſez de force pour admirer l'audace de Cléomène, mais trop peu pour le défendre. Les Lacédémoniens virent alors qu'il ne leur reſtait qu'à mourir, comme leurs ancêtres aux Thermopyles, ſur les corps de leurs tyrans.

Cependant le Gouverneur d'Alexandrie, inſtruit de l'émeute, était ſorti de ſon palais ſur ſon char, environné de ſes Gardes & de ſes Eſclaves. L'intrépide

Cléomène va à sa rencontre, fend les flots de ses satellites, s'élance sur lui, & le poignarde sur la place.

La cohorte de Héros voyant la terreur que ce trait d'audace inspirait, profite du silence timide des suppots de la tyrannie, pour tenter de s'emparer de la citadelle. Le plan était de délivrer les prisonniers pour les rendre complices de la révolution : mais les portes se trouvèrent fermées, les sentinelles à leur poste, & la garnison en défense. Que pouvaient treize hommes contre une armée entière, protégée par des remparts ? Cléomène rentra dans Alexandrie.

Le peuple appellé de nouveau à la liberté, ne fit aucun mouvement. Le Roi de Lacédémone voyant que personne ne se présentait ni pour le suivre, ni pour le combattre : *Mes amis*, dit-il, *il n'y point d'honneur ici : laissons l'Egypte à la merci des Courtisanes & des Ganymèdes qui la gouvernent, & mourons.* Un cri de joie de la part des douze, annonça que tous les Conjurés avaient la grande ame de Cléomène.

Hippotas fut tué le premier, à sa prière, par le plus jeune des Lacédémoniens; tous les autres se percèrent ensuite, au même moment, de leur épée, à l'exception de Pantée, jeune Héros, l'espérance de la Grèce, & qui, dans la dernière guerre de Sparte, avait escaladé, à la tête de sa cohorte, les murs de Mégalopolis. Ce Pantée était l'ami de cœur de Cléomène, & le Monarque infortuné lui avait recommandé d'attendre que tous les Conjurés fussent expirés, pour terminer, par son suicide, cette sanglante tragédie. Pantée obéit: lorsqu'il vit les douze cadavres étendus par terre, il alla les sonder avec la pointe de son épée, pour s'assurer qu'aucun d'eux ne respirait encore. En touchant Cléomène, il apperçut un mouvement dans les fibres de son visage; à l'instant il se jetta sur lui, posa sa bouche sur les lèvres palpitantes du Héros, reçut son dernier soupir au passage, & se poignarda, ſans ceſſer de le tenir embraſſé.

Crateſiclée, mère de Cléomène, ne tarda pas à être inſtruite du mauvais ſuccès de la conjuration : oubliant alors un moment qu'elle était Lacédémonienne, elle verſa un torrent de larmes ſur le ſein de de ſes petits-fils, qui la tenaient enlaſſée dans leurs bras ; mais l'aîné des deux Princes, aſſez âgé pour connaître le prix de la vie, & aſſez magnanime pour la dédaigner, ſe débarraſſa des carreſſes terribles de ſon aïeule, monta à pas précipités ſur le faîte de la maiſon, & ſe jetta en bas, la tête la première. Cependant il ne put réuſſir à ſe tuer, & on le releva, pour le réſerver au ſupplice.

Philopator, ſur ces entrefaites, était rentré dans Alexandrie ; il ordonna qu'on mît en croix le corps du Roi de Lacédémone, & qu'on fît mourir, ſur un échafaud, la mère du Héros, ſes deux enfans, & toutes les femmes de leur ſuite : il meſurait ſur la grandeur du péril qu'il avait couru, l'atrocité de ſa vengeance.

Crateſiclée demanda pour toute grace, de mourir avant ſes petits-fils. On ſe doute ſans peine de la réponſe du Tyran. Les Satellites de ſes fureurs, commencèrent par égorger les deux Princes ſous les yeux de leur aïeule, de manière que leur ſang rejaillit juſques ſur ſon viſage; enſuite ils frappèrent l'héroïne elle-même, qui depuis le premier moment de l'exécution, juſqu'à ce qu'elle rendît le dernier ſoupir, ne prononça jamais que ces mots: *O mes enfans .... & c'eſt moi qui vous tirai des marches du trône, pour vous conduire au pied de l'échafaud!*

Parmi les Lacédémoniennes que le barbare Philopator fit périr, comme complices de Cléomène, était la femme de Pantée, beauté accomplie & dans la fleur de l'âge. Les Bourreaux la réſervèrent pour la dernière des victimes: elle eut le courage d'enſevelir toutes ſes compagnes, à meſure qu'on les exécutait; & quand ſon tour de mourir fut venu, elle ajuſta ſes vêtemens, & s'en fit un voile, de manière que l'Exécuteur ſeul pût voir le ſein qu'il devait frapper; attentive à garder au-delà même de la mort, cette pudeur ſublime, dont elle avait fait trophée pendant ſa vie, aux yeux de ſon époux & de Lacédémone.

Quelques jours après cette ſcène terrible, ceux qui gardaient le corps de Cléomène ſur la croix, apperçurent un ſerpent entortillé ſur ſa tête & qui lui couvrait le viſage, de manière qu'aucun vautour n'oſait en approcher : cet évènement ſi naturel dans un climat brûlant, où le ſol ſemble noirci par les couleuvres, parut un prodige aux yeux de la ſuperſtition. Tout le peuple d'Alexandrie courut dans la place publique, & on appellait unanimement Cléomène, le fils de Jupiter. Peu s'en fallut même que dans cette efferveſcence générale, la révolution que n'avait pu opérer tout l'héroïſme du Roi de Lacédémone, ne fût l'ouvrage de l'apparition d'un ſerpent. La Cour fut obligée d'envoyer de prétendus Philoſophes, qui, avec une mauvaiſe Phyſique, expliquèrent ce phénomène à la multitude (*a*).

(*a*) On regrette que cette mauvaiſe phyſique ait été adoptée par Plutarque lui-même : voici le texte étrange de ce Philoſophe : « Des gens » éclairés dans les cauſes naturelles vinrent diſ- » ſiper la ſuperſtition populaire, en apprenant » aux citoyens d'Alexandrie, que comme de la » chair putréfiée des taureaux naiſſent les abeilles, » de celle des chevaux les guèpes, & de celle » des ânes les eſcargots, de même dans le corps » humain, quand la moëlle de l'épine dorſale eſt » coagulée, elle engendre des ſerpens ».

Ovide, d'après cette fable, a dit :

Sunt qui cum clauſo putrefacta eſt ſpina ſepulcro,
Mutari credant humanas angue medullas.

mais ces contes ſur la génération ne ſont pas à leur place dans le Philoſophe de Cheronée, comme dans le Peintre des Métamorphoſes.

TYRANNIE
DE PHILOPATOR (*a*).

Le ſupplice de Cléomène n'était pas, comme nous l'avons déjà vu, le premier crime de Philopator. Ce Prince continua à marcher à pas de géant dans la carrière des Cambyſe & des Phalaris. Il avait un frere nommé Magas, né ſans ambition, attaché à ſa patrie, & chéri de tout le monde par ſes vertus ſociales; il le fit aſſaſſiner auſſi bien que ſa mere, qui ayant mis trop de zèle à le défendre, fit craindre au Tyran qu'elle n'en mît un jour autant à le venger.

Le premier Miniſtre, Soſibe, était

(*a*) *Polyb.* lib. 5, *Juſtin.* lib. 39, *Tit. Liv.* lib. 22 & 27, *Athen.* Deipnoſoph. lib. 6 & 13, *Excerpt. Valeſ. Plutarch.* in Cleom. & *Euſeb.* in Chron.

l'instigateur de tous ces attentats; Sosibe, dont le crédit s'était conservé sous trois règnes, & qui n'ayant que l'ame d'emprunt des Courtisans, se modelait sans cesse sur ses maîtres, devenait scélérat sous Philopator, comme il avait été guerrier sous Evergète, & Philosophe sous Philadelphe.

Il est rare que les Tyrans n'ayent pas les mœurs viles. Celles de Philopator étaient portées au dernier période de débordement; il courait à demi nud dans les rues d'Alexandrie, à la tête de ses compagnons de débauche, & renouvellant tous les excès des antiques Bachanales. La vie qu'il menait dans l'enceinte de son palais était encore plus licentieuse: toujours ivre, ou dans les bras de ses Eunuques & de ses Maîtresses, il s'honorait, aux yeux de ses peuples, du nom de Sardanapale: c'était la Courtisane Agathoclée, ou Agathocle, son Ganymède, qui dictaient ses arrêts; & quand l'indignation publique, trop long-temps contrainte, s'exhalait par des murmures, on faisait ruisseler le sang Egyptien sur les échafauds.

Théodote, le Gouverneur de la Célèsyrie, fut sur le point de payer de sa tête la généreuse imprudence qu'il eut de vouloir dessiller les yeux du Tyran sur les horreurs de son règne. Ce Satrape, Grec d'origine, venait de se couvrir de gloire, en repoussant des frontières de sa Province, Antiochus le Grand, qui s'était présenté à la tête d'une armée formidable pour l'envahir. Cet exploit ne fit que le rendre plus coupable aux yeux des hommes vils, qui avaient intérêt de le dégrader. On le manda à Alexandrie, & on lui fit son procès. Théodote ne perdit point courage, il repoussa, d'une manière victorieuse, la calomnie; & Philopator, qui avait encore besoin de ses services contre les ennemis de l'état, se laissa persuader par Sosibe à le renvoyer dans son gouvernement.

Il est des ames altières, que la tyrannie

ne doit jamais frapper à demi. Théodote réfléchiſſant ſur la grandeur du péril qu'il avait couru, le cœur ulcéré par la vengeance, réſolut de dérober à jamais ſa tête & celle des peuples qu'il gouvernait, à la proſcription. A peine de retour dans la Célèſyrie, il ſe choiſit un nouveau maître. C'était ce même Antiochus, dont ſa valeur venait de triompher. Le Séleucide, ſur la parole du Rebelle, ſe rendit devant les villes de Tyr & de Ptolémaïs, qui lui furent livrées, & peu à peu ſubjugua toute la Province.

Théodote ne manqua pas d'inſtruire le conquérant de l'opprobre de la vie de Philopator; & ce Prince, perſuadé qu'un deſpote ſi avili, n'oppoſerait à ſes armes qu'une faible réſiſtance, partit de ſes états pour ſe rendre maître de l'Egypte. A la première nouvelle de l'invaſion, la Cour inquiète ſe ſauva à Memphis; on envoya une armée entière à Peluſe, on combla les fontaines d'eau douce, & on ouvrit toutes les écluſes du Nil, pour inonder les

Syriens. Antiochus vit bien que l'Egypte avait en elle-même des ressources indépendantes de la mollesse de ses Souverains, & retournant sur ses pas, il se fortifia dans la possession de la Celésyrie.

Sosibe, qui, dans l'espèce de minorité de Philopator, veillait à la destinée de l'Egypte, n'était point un homme sans génie; il avait servi autrefois sous Poliocerte, & entendait parfaitement la tactique de ces temps-là; il changea la manière de combattre des Egyptiens, & lui substitua celle des Grecs, dont leurs victoires, pendant trois siècles, avaient démontré la supériorité. Il rendit la marine des Ptolemées plus formidable que jamais; & ces services firent triompher à la fin la nullité de Philopator, du génie d'Antiochus.

Après plusieurs campagnes, dont les succès furent variés, Sosibe détermina son faible Souverain à se mettre lui-même à la tête de son armée. Philopator partit d'Alexandrie, à la tête de soixante

& dix mille hommes de pied, de soixante & treize éléphants armés en guerre, & de cinq mille chevaux, & se rendit dans les plaines de Raphia, la première place qu'on rencontre en Syrie, après avoir passé Rhinocorure. Antiochus, avec des forces à peu près égales, vint défendre sa Monarchie.

Pendant que les deux armées étaient, pour ainsi dire, en présence, campées à cinq stades l'une de l'autre, Théodote, dont l'ame fière n'oubliait ni les services ni les injures, voulut se venger de son ancien Monarque, par un trait d'audace digne d'un héros de l'Iliade. A la faveur d'une nuit profonde, il osa, accompagné seulement de deux soldats, traverser les rangs ennemis, & s'introduire dans la tente de Philopator, pour l'enlever ou pour le faire mourir : ce Prince alors célébrait une de ses orgies ordinaires chez un de ses eunuques, & il dut cette fois son salut à la licence de sa vie. Théodote, furieux d'avoir bravé sans fruit mille morts, tua le Médecin de la Cour, dans la tente royale, blessa deux gardes, & se sauvant au milieu du tumulte, eut le bonheur de rentrer, sans avoir été reconnu, au camp d'Antiochus.

La bataille suivit de près la retraite de Théodote. L'action commença par les éléphants; on ignorait encore alors que ceux d'Afrique, moins heureusement organisés, ne peuvent soutenir ni l'odeur ni le cri de ceux des Indes; aussi dès que ces quadrupèdes terribles commencèrent à se choquer, ceux de l'armée Egyptienne s'agitèrent avec violence, reculèrent sur l'aîle gauche, & causèrent tant de désordre, qu'Antiochus n'eut besoin que de paraître pour l'enfoncer & la mettre en déroute.

La présomption qui a perdu tant de Capitaines célèbres, perdit Antiochus. Ce Prince, persuadé que rien ne pouvait lui résister, se mit à poursuivre, avec la plus grande activité, l'aîle fugitive de l'armée de Philopator. Pendant ce temps-là, l'aîle droite & la phalange, conduites par Sosibe, se firent jour au travers du corps de bataille des Syriens, & le rompirent. Antiochus, de retour auprès des siens, ne vit plus dans les champs où il avait triomphé, que les traces du plus affreux carnage, & la terreur s'emparant de son esprit, il alla cacher dans les remparts de Raphia, l'opprobre où l'avait entraîné sa présomption.

Cette bataille de Raphia se donna le même jour que celle de Trasimène, où le non moins présomptueux Flaminius, fut défait par Annibal.

Antiochus qui avait perdu dix mille hommes dans cette journée, outre quatre mille qui avaient été faits prisonniers sur le champ de bataille, hors d'état de tenir la campagne, ramena les débris de ses troupes découragées, à Antioche, & demanda la paix au vainqueur. Sa retraite entraîna la défection de la Célèsyrie & de la Palestine.

Il eût été très-aisé à l'Egypte de tirer

un grand parti de la victoire de Raphia, pour étendre ses conquêtes du côté de la Syrie; mais Philopator qui n'avait tiré l'épée que malgré lui, se hâta, aux premières propositions de paix, de la remettre dans le fourreau. Sosibe alla lui-même dans Antioche, conclure le traité. Alors, le lâche Ptolemée qui n'avait vaincu que pour lui, & non pour ses peuples, étonné lui-même d'avoir consacré quelques instans à la gloire, revint avec empressement à sa vie de Sardanapale.

Avant son départ pour l'Egypte, la Célésyrie qui avait intérêt à faire oublier à son nouveau maître sa défection, chercha à ramener son esprit par les voies qui réussissent toujours auprès des despotes, par la plus basse adulation. Les Métropoles de la province le remercièrent solemnellement de les avoir subjuguées, lui décernèrent des couronnes d'or, lui offrirent des sacrifices, & firent son apothéose.

C'est dans cet intervalle que Philopator, à qui ſes maîtreſſes & ſes eunuques, faiſaient croire qu'il était Dieu, trouva tout ſimple, en qualité d'immortel, de rendre viſite au Dieu vivant, qu'on honorait dans le Temple de Jéruſalem.

Le Prince, ſuivant le témoignage du troiſième livre des Machabées, après avoir parcouru le Temple antérieur, voulut pénétrer dans le ſanctuaire. En vain, lui repréſenta-t-on, que ce lieu terrible était inacceſſible à tous les hommes, excepté au Grand-Prêtre, qui ne pouvait même y entrer qu'une fois l'an : Philopator répondit à la manière des deſpotes, qu'il n'y avait point de loi pour les Souverains, & ſe diſpoſait à forcer le paſſage, lorſque tout-à-coup, frappé par une main inviſible, il tomba ſans connaiſſance près des marches de l'autel qu'il allait profaner; ſes gardes l'emportèrent à demi-mort dans ſa tente.

La terreur de Philopator ne ſe prolongea pas au-delà du péril qu'il avait couru. Il eſt même probable qu'il ne vit rien de merveilleux dans ſon évanouiſſement, puiſqu'à peine de retour dans Alexandrie, il donna un Edit de proſcription contre tous les Juifs qui n'adoreraient pas les Dieux de l'Egypte. L'Edit portait, que les nouveaux proſélytes ſeraient marqués d'un fer chaud, qui avait pour empreinte une feuille de lierre, pour déſigner leur conſécration à Bacchus, le Dieu favori des Ptolemées, & que tout réfractaire ſerait envoyé au ſupplice. Cet Edit de l'abſurdité la plus atroce, fut gravé ſur une colonne dreſſée à la porte du palais; mais quoiqu'on ſût que le tyran était entier dans ſes caprices, & implacable dans ſes vengeances, il ne ſe trouva, dit-on, que trois cents apoſtats parmi les millions de Juifs qui étaient répandus dans la vaſte Monarchie des Ptolemées.

Philopator, outré de ce qu'on ne regardait pas ſes Dieux comme ſupérieurs à tous ceux de la terre, écrivit aux Satrapes de ſes états, & aux Gouverneurs des villes, d'arrêter tous les Juifs réfractaires, ſans diſtinction d'âge ni de ſexe, de les charger de chaînes, & de les amener à Alexandrie. La peine de mort était prononcée contre tout citoyen qui donnerait un aſyle aux proſcrits; auſſi, aucun Egyptien, tant la terreur dégrade l'homme dans les Etats abſolus, ne ſe trouva coupable du crime de généroſité.

A meſure que les priſonniers arrivaient dans la capitale, Philopator en faiſait faire le dénombrement, pour qu'il pût connoître la quantité de ſes victimes. L'Hiſtorien Juif, dit que les Secrétaires du palais s'en occupèrent pendant quarante jours, & que le travail devenant à chaque inſtant plus pénible, ils furent contraints de l'abandonner : ce qui ſuppoſerait que la nation Juive, preſqu'entière, fut tranſplantée dans Alexandrie. Mais alors il n'aurait pas fallu quarante jours pour affamer à la fois la race des exécuteurs & celle des victimes.

On ajoute, ce qui n'eſt pas moins étrange, que Philopator fit enfermer tous les proſcrits avec leurs femmes & leurs enfans, dans l'hypodrome, comme ſi une enceinte de quelques ſtades, deſtinée à donner le ſpectacle de la courſe des chevaux, pouvait renfermer pluſieurs millions d'hommes !

Hâtons-nous d'arriver au dénouement de cette ſanglante tragédie. Quand le peuple de Dieu ſe trouva réuni tout entier dans l'hypodrome, Philopator ordonna à l'Intendant de ſes ſpectacles, d'enivrer ſes éléphants avec un breuvage composé de vin & d'aromates, afin que, devenus furieux, ils écraſaſſent l'effroyable multitude, dont ſa haine avait juré la mort. Il ſe doutait que le peuple d'Alexandrie ne ſuffirait pas, s'il fallait que le nombre des bourreaux fût en proportion avec celui des victimes.

Heureuſement pour les Acteurs, & j'oſe dire auſſi pour les ſpectateurs de ces jeux abominables, Philopator qui devait donner le ſignal du maſſacre, avait paſſé la nuit précédente dans l'orgie la plus licentieuſe : obligé, par la double yvreſſe de l'amour & du vin, de donner du repos à ſon corps énervé, il s'était jetté ſur ſon lit au lever du ſoleil, & avait dormi du ſommeil le plus profond, juſques vers l'entrée de la nuit ; il n'était plus temps de faire marcher les éléphants, & le ſpectacle fut différé.

Le lendemain, dès le matin, l'Intendant des jeux alla avertir le Monarque qu'on n'attendait que ſa préſence, pour mettre les Juifs à mort. Le Prince, dont l'yvreſſe, ſans doute, n'était pas encore diſſipée, avait alors perdu la mémoire de ſon Arrêt de proſcription ; il traita l'Officier de calomniateur, & le menaça de l'envoyer au ſupplice. Cependant après midi, ſa raiſon revint avec ſa haine contre le peuple juif : il jura d'exterminer les ennemis de ſes Dieux ; & en effet, le troiſième jour il ſe rendit de bonne heure à l'hypodrome.

Au moment où les éléphants furent tirés de leurs loges, l'Hiſtorien Juif prétend qu'une lumière ſurnaturelle vint les frapper : alors ils ſe retournèrent avec furie contre leurs conducteurs, les foulèrent aux pieds avec une ſorte d'acharnement, auſſi bien qu'une partie des ſpectateurs; & comme aucun Juif ne périt dans ce déſaſtre, Philopator crut voir la main du ciel empreinte dans un pareil évènement, & ſigna auſſi-tôt l'arrêt de délivrance de toutes les victimes renfermées dans l'hypodrome.

Nous nous ſommes impoſé la loi de ne parler des faits cités dans les livres ſaints, que pour les tranſcrire avec la ſimplicité la plus reſpectueuſe, ſans critique & ſans éloge; mais il ne faut pas regarder l'hiſtoire de la proſcription des Juifs ſous Philopator, comme faiſant partie de la Bible, & par conſéquent comme ſupérieure à nos lumières. Le texte ſuivant du Docteur Prideaux, un des Théologiens les plus éclairés, dont l'Europe Chrétienne s'honore, va, à cet égard, justifier à la fois notre circonspection & notre amour pour la vérité.

« Josephe ne dit pas un mot, dans » ses *antiquités*, de la proscription du » peuple de Dieu sous les Ptolemées; le » peu qu'il en raconte, est dans sa critique » d'Appion : encore ce texte ne se lit » pas dans l'original grec, mais seule- » ment dans la version latine de Rufin. » De plus, il y a contradiction dans les » époques. Josephe place sous le règne » de Physcon, ce qui, suivant le troi- » sième livre des Machabées, n'a pu » arriver que sous celui de Philopator.

» Quant aux livres des Machabées, il » n'y a que le premier & le second, qui » renferment l'histoire de ces héros Juifs » persécutés par Antiochus Epiphane. Le » troisième livre (visiblement intercallé) » parle d'évènemens antérieurs, & on » ne sait pas pourquoi il porte le nom » des Machabées, puisque les Machabées » n'existaient pas encore.

» Ce troisième livre des Machabées, » consacré tout entier à l'histoire de la » tyrannie de Philopator contre le peuple » de Dieu, n'a pas le même poids, dans » l'ordre de la croyance, que les deux » autres. Il y a apparence que cet ouvrage » a été écrit originairement en grec, par » quelque Juif d'Alexandrie. On le possède » aussi en syriaque, mais l'Auteur inconnu » de cette version orientale, n'entendait » pas bien le texte original; car, en » quelques endroits, il s'écarte du sens » primitif, & c'est uniquement la faute » de son intelligence dans le grec.

» Le premier ouvrage de poids qui » fasse mention du troisième livre des » Machabées, est la chronique d'Eusebe, » & avant 1675, on ne le trouve inséré » dans aucune des éditions de la Vulgate.

» Il ne faut cependant pas s'étonner » si le troisième livre des Machabées n'a » pas été rangé parmi les apocryphes, » quoiqu'il méritât d'y trouver place; » car les embellissemens, les additions,

» & tout l'attirail romanesque qu'on lui » a donné, n'empêchent pas que le fond » de l'histoire ne soit vrai, & qu'il n'y » ait eu réellement une persécution » excitée sous Philopator, contre les Juifs » d'Alexandrie (*a*) ».

Si l'imagination orientale a répandu un vernis de merveilleux sur la tyrannie que Philopator fit subir au peuple de Dieu, elle ne s'est pas moins exercée sur la générosité dont le même Prince usa envers les Rhodiens. Un tremblement de terre avait renversé le fameux Colosse du soleil, qui passait pour une des sept merveilles du monde, & toutes les Puissances de l'Asie avaient contribué à le réparer. Le Roi d'Egypte, qui, depuis la victoire de Raphia, se croyait le premier Souverain du globe, mit sa grandeur à les effacer. Les Historiens nous ont

(*a*) *Histoire des Juifs*, par Prideaux, Doyen de Norwich, édition de 1724, donnée à Amsterdam par Brandmüller, tom. III, pag. 182.

donné l'énumération de tous les présens dont il combla les Rhodiens. Il ne s'agissait pas moins que de quarante mille coudées de poutres de sapin, de trois mille tant mâts que voiles, d'un million de mesures de bleds de provision, & de trois cents talens (près de 1625 mille livres de notre monnaie), pour remonter leur marine, & outre cela le Prince leur donnait de son trésor, pour refondre le Colosse, trois mille talens (environ seize millions deux cents cinquante mille livres), avec trois cents cinquante ouvriers, & cent Architectes, tous entretenus à ses frais. Ces cent Architectes, pour un ouvrage qui ne peut exister que par l'unité du dessin, annoncent (s'ils ont été envoyés) le goût barbare de Philopator. Il est aussi absurde de proposer l'érection d'un Colosse à cent Architectes, que de commander à cent Peintres la transfiguration de Raphaël, ou d'exiger de cent hommes de Lettres qui travailleraient chacun à part, une bonne Encyclopédie.

Il paraît que la générosité de Philopator envers les Rhodiens, ne lui fit pas un grand honneur auprès de ses peuples, puisque l'histoire place à cette époque une révolte dans Alexandrie, où il fut sur le point de perdre son trône & sa vie. Les rebelles, qui n'avaient point un Cléomène à leur tête, furent taillés en pièces. Comme les Juifs, malgré la grace solemnelle qu'on venait de leur accorder, s'étaient laissé entraîner dans leur défection, le vainqueur en fit périr quarante mille sur les échafauds, ou sur le champ de bataille.

La victoire inattendue de Philopator ne servit qu'à augmenter sa férocité dans l'intérieur de sa maison. Ce Prince avait une sœur de la plus grande beauté, qu'il avait épousée, suivant l'usage incestueux de ses prédécesseurs, & qui, après avoir été long-temps stérile, venait de le rendre père d'un fils, l'héritier présomptif de sa couronne. Pendant que les peuples se félicitaient d'un évènement qui prévenait les horreurs d'une guerre civile, le tyran, de concert avec Sosibe & Agathoclée, sa maîtresse, sur quelques murmures de l'infortunée qui se voyait reléguée avec opprobre à une extrémité du palais, résolut de s'en défaire. Il chargea du complot un courtisan nommé Philamon, le Ministre à la fois de ses plaisirs & de ses fureurs; & celui-ci, qui ne crut pas avoir besoin de garder des ménagemens quand il obéissait à un despote, alla tout simplement l'assassiner. L'Histoire ne sait trop quel nom donner à cette infortunée; car Tite-Live l'appelle Cléopatre, Justin Eurydice, & Polybe Arsinoë.

L'indignation publique fut à son comble, quand on apprit ce dernier acte de tyrannie. Mais Philopator, vainqueur d'Antiochus & des Egyptiens rébelles, était redouté. L'orage tomba tout entier sur Sosibe, qui ne gouvernait son Souverain, que pour le rendre odieux. Ce premier Ministre, pour sauver sa tête, fut obligé de se démettre, & il remit le sceau royal à un Officier que le peuple portait, & qui se nommait Tlépoleme. Il s'était maintenu d'abord par ses talens, & ensuite par ses crimes, environ soixante ans dans le ministère. L'Egypte le laissa mourir dans son lit, malgré ses assassinats & ses régicides.

Philopator, de son côté, survécut peu au chagrin de voir un sujet qu'il n'avait pas choisi, porté au ministère; victime de sa longue intempérance, il vit peu-à-peu ses organes se flétrir, son sang se dissoudre, son intelligence même abandonner ce corps en ruines, qui s'écroulait de toutes parts. Il mourut enfin en horreur à ses peuples, après avoir déshonoré pendant dix-sept ans le trône des Ptolemées. Sa mort tombe à l'an 1377, de l'ère de Paros, qui répond à la quatrième de la cent quarante-troisième olympiade.

VENGEANCE

Que le peuple exerce sur les Ministres de la Tyrannie (a).

EPIPHANE n'avait que cinq ans quand il monta ſur le trône. Les anciens Miniſtres de la tyrannie, c'eſt-à-dire, les Maîtreſſes & les Ganymèdes de Philopator cachèrent ſa mort auſſi long-temps qu'il leur fut poſſible, pour ſe mettre à couvert de la haine publique. Dans l'intervalle, ils enlevèrent tout ce qu'ils purent trouver d'or & de bijoux dans le palais, ſe flattant, ſans doute, de s'en ſervir un jour, pour corrompre ceux qui tenteraient de les traduire au Tribunal de la Nation. Ils prirent auſſi les meſures de la ſcélérateſſe la plus conſommée, pour jouir ſans

(a) *Polyb.* lib. 15.

danger du pouvoir abſolu pendant la longue minorité d'Epiphane.

Ce fut Agathocle, le Ganymède du dernier Roi, qui ſe chargea, avec ſa ſœur, qui en avait été la Maîtreſſe, de faire approuver à la nation le nouveau plan d'adminiſtration. Il convoqua, dans le palais, le premier ordre de l'Etat, c'eſt-à-dire, les deſcendans de ces familles Macédoniennes qui étaient venues s'établir à Alexandrie, avec le premier des Ptolemées. Perſonne ne ſe doutait encore que Philopator ne fût plus. Quand tout le monde eut pris ſéance, le ſcélérat ſe livrant aux mouvemens d'une douleur long-temps étudiée : « Citoyens, dit-il » d'une voix entrecoupée de ſanglots, » votre Souverain n'eſt plus; mais voici » ſon fils, l'héritier de ſa couronne, qu'il » a confié à la tendreſſe de ma ſœur, & » que moi je confie à votre fidélité : ſi » le ſang des Ptolemées vous eſt cher, » veillez ſur les jours de cet enfant, & » ne l'abandonnez pas à la politique inſi-

» dieuse de Tlépoleme, qui, dans ce » moment, conjure contre ses jours, & » malgré l'obscurité de son origine, veut » ceindre sa propre tête du diadême ».

Ces vieux citoyens qui, appellés à l'administration par des Rois pères de leurs peuples, connaissaient à fond le manége des cours sans l'avoir jamais partagé, ne furent point la dupe du feint patriotisme d'Agathocle. Ils répondirent qu'il n'y avait point de précautions à prendre contre la vertu de Tlépoleme ; & au sortir du palais, ils allèrent prémunir les bons esprits de la nation contre l'opprobre d'être gouvernés par une Courtisane & un Ganymède.

Au reste Agathocle, par sa tyrannie, rompit lui-même le fil invisible qui tenait le poignard de la vengeance suspendu sur sa tête. Il fit arracher du temple de Cérès Danaë, la belle-mère de Tlépoleme, ordonna qu'on la traînât, à visage découvert, au travers de la ville, & la jettât dans le fond d'une prison. Alexandrie s'ameuta, & au fort de la révolte, le tyran, qui avait tous les principes des Denys & des Phalaris, imagina de ſortir ſur le champ à la tête d'un corps de barbares, pour égorger la moitié de ſes ennemis, s'aſſurer de la perſonne des autres, & mettre ſur ſa tête la couronne. Heureuſement le peuple ſe diſſipa avec autant de légèreté qu'il s'était ameuté. Agathocle reſta dans le palais, & il n'y eut point de carnage.

Sur ces entrefaites, le bruit ſe répandit que Meragène, un des gardes du Régent, le trahiſſait pour faire ſa cour à Tlépoleme. Agathocle avait une politique trop farouche pour négliger un pareil ſoupçon. Il chargea à l'inſtant Nicoſtrate, ſon Secrétaire, d'arrêter le garde, de l'interroger, & d'employer au beſoin les tortures les plus cruelles, pour arracher de lui un ſecret dont il ſentait l'importance. L'ordre s'exécute à l'inſtant. Meragène eſt traîné dans un des cabinets les plus reculés du palais, & comme ſes réponſes ne confirmaient point les ſoupçons de ſon juge, l'ordre eſt donné de le mettre à la queſtion. Les boureaux s'approchent, déployent les inſtrumens de la torture, & dépouillent l'infortuné. Ce fut une eſpèce de coup de théatre qui le ſauva. Au moment où le ſupplice allait commencer, un exprès vint dire un mot à l'oreille à Nicoſtrate. Celui-ci donne les ſignes de la plus grande terreur, & s'en va ſans donner d'ordre aux bourreaux. Ces hommes de ſang n'osèrent prendre ſur eux de tourmenter Meragène; ils attendirent d'abord, les inſtrumens de la torture en main, le retour du Secrétaire; enſuite voyant qu'il ne revenait point, ils s'en allèrent. Le garde, à demi nu, traverſa tous les appartemens du palais ſans être arrêté, & chercha un aſyle dans un camp de Macédoniens qui ſe trouvait poſté près des remparts d'Alexandrie.

Le récit du péril qu'avait couru Meragène, ſes larmes, ſa touchante nudité échauffèrent bientôt des eſprits déjà diſposés à la révolte. Les plus animés allèrent, les armes à la main, chercher des complices dans la ville, & en moins de quatre heures l'incendie gagna à la fois le Peuple, les Commerçants, l'Ordre militaire & la Magistrature.

Au premier bruit de l'émeute, Œnanthe, mère d'Agathocle, sort du palais, parcourt égarée les rues de la ville, & trouvant le temple de Cerès ouvert, va s'asseoir sur les marches de l'autel. Parmi les spectatrices, les unes étaient ravies intérieurement de la révolution, mais gardaient le silence : les autres qui ignoraient les motifs de la douleur d'Œnanthe, s'approchaient d'elle pour la consoler. Mais l'infortunée qui croyait les Dieux & les hommes complices de son désastre, hors d'elle-même & l'esprit aliéné par son désespoir, les fit toutes chasser du temple avec ignominie par les gens de sa suite, conjurant le ciel dans ses imprécations, de les réduire un jour à dévorer elles-mêmes leurs propres enfans. Le récit des fureurs d'Œnanthe, envenimé par des factieux, ne servit qu'à accélérer l'instant de la catastrophe.

Agathocle, de son côté, qui ne se croyait pas en sûreté dans la partie antérieure du palais qu'il occupait, s'était sauvé dans une galerie fortifiée, emmenant avec lui sa famille & le jeune Roi qui lui servait d'otage. Les Macédoniens le suivirent, l'épée à la main, dans son asyle, & forcèrent la première porte de la galerie. Le tyran, sans ressources, offre d'abdiquer le pouvoir absolu; on lui répond en tumulte qu'on veut d'abord qu'il livre le jeune Ptolemée entre les mains de la nation, & on enfonce la seconde porte. Agathocle à l'instant tombe aux genoux des Macédoniens; & sa sœur, arrachant son voile, leur montre le sein qui a nourri leur Monarque. Ce spectacle désarme ces furieux; ils se contentent d'enlever le Roi, & de le porter au Stade, où le peuple assemblé le reçoit avec une joie effrénée. Pendant ce temps-là, Agathocle & sa sœur se retirent en silence, croyant que leur vie cessait d'être en danger.

L'émeute commençant à s'appaiser, le hasard lui rendit sa première activité. Un nommé Philon, vil parasite, étant entré dans le Stade encore plein de vin, dit à quelques citoyens qui s'emportaient contre les Ministres de la tyrannie, que si Agathocle paraissait en ce moment, ils changeraient bien vîte de manière de penser. Ce mot indiscret fut le signal de la vengeance : on se jette sur Philon, on le perce à coups de lances, & on le traîne encore palpitant dans les rues d'Alexandrie.

Le peuple, comme le tigre, dès qu'une fois on lui laisse goûter le sang, s'en repaît avec fureur. On court chercher Agathocle, & on le traîne au Stade chargé de chaînes. A peine les regards commencent-ils à se fixer sur lui, que mille poignards se dressent sur lui & lui arrachent la vie. Le sort de la Maîtresse de Philopatator, de ses sœurs jeunes encore & novices dans le crime, d'Œnanthe, mère du Favori, est encore plus tragique : on les dépouille de leurs habits, on les place toutes nues sur des chevaux, & on les amène auprès du cadavre sanglant d'Agathocle. La rage de la multitude s'éleva à son dernier période, à la vue de ses victimes. Les uns imprimaient leurs dents féroces sur les chairs palpitantes de ces infortunées ; les autres leur crevaient les yeux ; le plus grand nombre cherchait à les atteindre avec la pointe de leurs lances. A mesure qu'on les voyait tomber de cheval, on leur arrachait les membres, jusqu'à ce que leur corps fût tout entier en lambeaux. Notre populace de Paris s'est signalée par de pareilles horreurs, au temps de la mort de la Maréchale d'Ancre, bien moins coupable, & sur-tout bien moins dangereuse que la sœur & la mère d'Agathocle.

La dernière victime de la fureur du peuple d'Alexandrie fut Philamon, l'asſaſſin de la Reine Arſinoë : il venait d'arriver de Cyrène, où il avait fixé ſa réſidence. Les meurtriers d'Agathocle allèrent l'aſſommer dans ſa maiſon, étranglèrent ſon *fils* au berceau, & traînèrent ſa femme toute nue dans la place publique, où elle fût égorgée.

C'eſt à ce prix que le fils de Philopator fut reconnu Roi dans Alexandrie.

MINORITÉ ORAGEUSE
ET
RÈGNE FÉROCE D'EPIPHANE (a).

LE Ptolemée dont nous écrivons l'hiſtoire, eſt connu ſous le nom d'*Epiphane* ou d'*Illuſtre*, nom que l'adulation lui donna à ſon couronnement, & qui lui fut conſervé par antiphraſe, lorſqu'on vit qu'il ne faiſait rien de mémorable. Il avait cinq ans, comme nous l'avons dit, quand Philopator mourut, & qu'Alexandrie ſe vengea de ſa longue tyrannie ſur la famille d'Agathocle. Tlépoleme, à cette époque, conſervait encore le titre & le pouvoir de premier Miniſtre; mais comme toute la Cour redoutait ſon ambition,

(a) *Juſtin.* lib. 30 & 31, *Polyb.* lib. 3, 15, 16 & 17, *Tit. Liv.* lib. 31, 32 & 33, *Diod.* in Excerpt. Valeſ.

elle engagea le peuple aſſemblé, à le dépoſer, & à lui donner pour ſucceſſeur Ariſtomène. Ce choix, malgré les préjugés des Electeurs, ſe trouva heureux, & l'Egypte n'eut qu'à s'applaudir de l'administration du Régent pendant la minorité.

Cependant les puiſſances voiſines qui mettaient la ſaine politique à uſurper ſans danger, voyant la couronne d'Egypte ſur la tête d'un enfant de cinq ans, tentèrent de démembrer cette vaſte monarchie. Il y eut à cet effet une ligue entre la Syrie & la Macédoine. Le Séleucide qui régnait alors, promit d'abandonner l'Egypte au Prince confédéré, à condition qu'on le laiſſerait maître de la Phénicie & de la Célèſyrie. Ariſtomène qui le ſut, publia un manifeſte, qui, ſuivant l'uſage, fut trouvé abſurde par les puiſſances ennemies; & de part & d'autre, on commença les hoſtilités.

Le Régent de l'Egypte ne tarda pas à s'appercevoir que dans un miniſtère mal affermi, & n'ayant qu'un phantôme de

Roi à montrer aux ſoldats, il tiendrait difficilement contre deux armées aguerries : alors, ne conſultant que la prudence du moment, il envoya une Ambaſſade à Rome, pour mettre ſon pupille ſous la protection de la République. Cette démarche ſi ſage, en apparence, amena le déſaſtre de la maiſon des Ptolemées & de leur Monarchie.

Il y avait déjà quelque temps que les Romains cherchaient à ſe rendre les arbitres de la deſtinée de l'Egypte. Ils avaient conclu divers traités d'alliance avec les Ptolemées; & lorſque Philopator vainquit Antiochus à Raphia, ils avaient envoyé deux Sénateurs à Alexandrie, pour féliciter ſon Monarque, & lui offrir en préſent une tunique de pourpre, avec un trône d'ivoire. On ſe doute aiſément combien dans l'anarchie actuelle de l'Egypte, leur ambition ſourit à la démarche d'Ariſtomène. Trois Ambaſſadeurs partirent à la fois de l'Italie, pour ſe faire médiateurs entre les puiſſances.

Lépidus, arrivé en Macédoine, signifia en maître à Philippe, de cesser ses entreprises sur l'Egypte, parce que sa République avait pris sous sa protection le jeune Ptolemée. « C'est le nom Romain que » tu portes, lui dit le Monarque outragé, » qui t'inspire tant d'audace : va toi-» même recommander à ton Sénat d'être » fidele au traité qu'il a fait avec moi. » Il ne tient qu'à Rome de se mêler d'une » guerre qui ne la regarde pas ; mais si » elle m'attaque, je saurai me défendre. » Le ciel & la valeur de mes soldats sauront » garantir mon trône des effets de l'ambi-» tion de ta superbe République ».

Antiochus, en Syrie, mit le même courage à rabaisser la fierté Romaine. Ce Prince, aux yeux de l'Ambassadeur de la République, entra à main armée dans la Palestine, & mit garnison dans ses Métropoles.

Le Conseil d'Epiphane avait bien prévu que la médiation Romaine n'arrêterait aucune des puissances usurpatrices. Il s'adressa à Scopas, grand homme de guerre, le chargea de lever des troupes dans l'Etolie, dont il était originaire, & le nomma Général de l'armée qu'il destinait à arrêter les conquêtes d'Antiochus. Scopas répondit à l'attente publique; il reprit la Judée, mit garnison Egyptienne dans Jérusalem, & rentra dans Alexandrie couvert de gloire, & chargé des dépouilles du peuple dont il avait mis les terres au pillage.

Antiochus apprend de l'Asie Mineure, où il était alors, les progrès de Scopas: il revient dans ses états avec la rapidité de l'éclair, subjugue tout ce qui se présente devant lui, jusqu'au-delà du mont Liban; & rencontrant son ennemi dans les plaines de Panéas, il lui livre bataille. L'étoile du Séleucide l'emporta dans cette journée mémorable, sur celle des Ptolemées. Scopas fut battu, ne put jamais rallier ses troupes fugitives, & sortant le dernier du champ de bataille, alla chercher un asyle dans les remparts de Sidon.

Antiochus ne laissa pas sa victoire imparfaite; il alla faire le siège de cette ancienne Métropole de la Phénicie, & força le Général Egyptien à signer entre ses mains une capitulation ignominieuse. L'infortuné, malgré sa valeur, ne put obtenir que la vie, & il sortit de la place sans armes ni bagages.

La campagne se termina de la manière la plus brillante pour le vainqueur de Scopas; il reprit la Phénicie, la Célésyrie & la Palestine, qui ne savaient jamais ni être à elles-mêmes, ni se choisir des maîtres, & il les réunit à l'Empire des Séleucides.

Mais plus ces conquêtes étaient importantes, plus il était à craindre que Rome, la dispensatrice de toutes les couronnes du globe, ne vînt les réclamer. Antiochus, pour mettre la politique Romaine en défaut, se hâta d'envoyer un Ambassadeur à Alexandrie, pour proposer la main de sa fille Cléopâtre, au jeune Epiphane, offrant pour sa dot les trois provinces qu'il avait conquises, & ne s'en réservant la jouissance que jusqu'à la cérémonie du mariage. Les offres du Conquérant parurent avantageuses au conseil de Ptolemée, & la paix fut signée entre la Syrie & l'Egypte.

Antiochus qui, à l'exemple du Lysandre de Lacédémone, se jouait avec les sermens comme les enfans avec les osselets, eut à peine conclu le traité, que, sous prétexte que les possessions de l'Egypte, en Asie Mineure, n'étaient pas comprises dans les trois provinces, il enleva aux Ptolemées la Carie, & un grand nombre de Villes maritimes qui leur assuraient l'Empire de la Méditerranée : ensuite, enhardi dans ses usurpations, par un faux bruit qui courut de la mort d'Epiphane, il fit voile vers l'isle de Chypre afin de la subjuguer : une tempête vint à propos sauver l'Empire des Ptolemées ; la flotte Syrienne, battue par les vents, & brisée contre les rochers, fut obligée de regagner Séleucie pour s'y radouber, tandis qu'Antiochus allait cacher ſon chagrin dans les murs de ſa Capitale.

Pendant qu'un Séleucide conjurait pour ravir la couronne à Epiphane, Scopas conjurait pour lui ôter la vie. Il eſt probable que ce fameux transfuge eſſuya quelques chagrins dans Alexandrie, pour avoir ſuccombé contre Antiochus dans les plaines de Panéas. Peut-être auſſi que la facilité de détrôner un Roi enfant, donna l'éveil à ſon ambition. Quoiqu'il en ſoit, ſe voyant à la tête d'une cohorte Grecque, ſupérieure par ſa valeur à toute la milice Egyptienne, il s'imagina qu'en faiſant périr le jeune Epiphane, il pourrait envahir la Monarchie des Ptolemées. Le complot mal ourdi fut éventé, long-temps avant le jour fixé pour ſon exécution. Ariſtomène à l'inſtant lui envoya dire, au nom du Roi, qu'on l'attendait dans le Conſeil; & ſur ſon refus, il fit inveſtir ſa maiſon par des ſoldats & des éléphants armés en guerre. Scopas ne douta plus qu'il ne fût trahi; mais espérant encore en imposer aux Egyptiens, à force d'audace, il se rendit avec un petit nombre de ses amis au Conseil. Le Roi lui-même se porta pour son accusateur, ce qui était évidemment forcer les voix des Juges: aussi le coupable fut-il condamné à l'unanimité; on le traîna dans le fond d'un cachot, & à l'entrée de la nuit, lui, ses parens & ses amis, furent tous forcés de boire la cigue.

Le supplice d'un seul des complices de la conjuration, fut différé jusqu'au lendemain, pour le rendre plus solemnel. Il s'agissait d'un fameux scélérat nommé Dicéarque, qui, tout récemment, avait proposé au Roi Philippe, de s'emparer, contre la foi des traités, des Cyclades. Nommé à cet effet Amiral de la flotte de Macédoine, pour braver à la fois les Dieux & les hommes, il eut l'audace sacrilège, avant de sortir du port, d'élever deux autels, l'un à l'injustice, l'autre à l'impiété, & d'y offrir des sacrifices. Aristomène, instruit de tant de perversité, voulut que l'homme qui s'était distingué par ses crimes, le fût aussi par sa catastrophe : il le fit expirer sous les verges, ne voulant point, en faisant boire la cigue à un tel scélérat, déshonorer, pour ainsi dire, le supplice de Socrate.

Ce fut le lendemain de la découverte de la conjuration, que le Conseil de Régence, sans attendre le moment de la majorité d'Epiphane, le fit couronner Roi d'Egypte. Ce Prince épousa aussi à cette époque Cléopâtre, fille d'Antiochus, qui lui apporta en dot la Phénicie, la Célèsyrie & la Palestine; mais à condition que la moitié des revenus de ces trois provinces serait affectée au trésor des Séleucides.

L'Egypte ne tarda pas à se repentir de n'avoir pas prolongé jusqu'à sa mort la minorité d'Epiphane. Ce Prince était un tyran du genre de Philopator, qui croissait en silence, pour le malheur de sa nation. Dès qu'il se vit le pouvoir abſolu en main, il en uſa pour opprimer un ſexe, & pour déshonorer l'autre. Le vertueux Ariſtomène voulut lui oppoſer la morale ſacrée qui enchaîne les hommes entr'eux; mais la réponſe à ſes raiſonnemens philoſophiques, fut une coupe de cigue.

L'empoiſonnement du plus ſage des Egyptiens, ouvrit les yeux aux peuples, ſur ce qu'ils avaient à attendre du jeune ſcélérat qu'ils avaient déſigné, à ſon couronnement, ſous le nom d'*Illuſtre*. Pluſieurs Villes ſe révoltèrent à la fois, entr'autres, Lycopolis. Le tyran alla en perſonne faire le ſiège de cette dernière, la força à ſe rendre, & mit tant de férocité dans la punition des premiers citoyens, que le reſte des confédérés aima mieux périr ſous les ruines de la patrie, que de reſpirer le même air avec cet ennemi né des Dieux & des hommes.

Comme la préſence d'Epiphane pouvait retarder la ſoumiſſion des rebelles, ſon Conſeil le détermina à reſter dans

Alexandrie. Ce fut Polycrate, ſon premier Miniſtre, d'ailleurs, grand homme de guerre, & celui dont les exploits avaient le plus contribué au gain de la bataille de Raphia, qui fut chargé de cette expédition. Les Confédérés furent défaits, mirent bas les armes, & ſe rangèrent à leur devoir. Polycrate, pour donner plus de ſolemnité à la paix, nomma les quatre chefs de la révolte pour aller renouveller entre les mains du Monarque leur ſerment de fidélité. Ils partirent ſous la garantie de la parole royale d'Epiphane, qui avait promis de reſpecter leur liberté & leur vie; mais à peine parurent-ils à la Cour, que le digne fils de Philopator les fit attacher tous nuds derrière ſon char, les promena dans toutes les rues d'Alexandrie, & après ce triomphe perfide, les envoya au ſupplice.

Enfin, l'excès de la tyrannie amena l'indépendance. Un jour qu'Epiphane dreſſait le plan d'une guerre contre les Séleucides, un membre du Conſeil d'Etat, qui connaiſſait l'épuiſement du tréſor royal, lui demanda où il trouverait l'argent néceſſaire pour cette expédition? *Dans ta bourſe*, lui répondit le Ptolemée, *& dans celle de tes amis.* Ce mot imprudent lui coûta cher. Tous les hommes opulens qui craignirent d'être dépouillés de leur propriété, conſpirèrent contre lui, & l'empoiſonnèrent, la vingt-quatrième année de ſon règne, qui répond à la quatrième de la cent quarante-neuvième olympiade.

MINORITÉ DE PHILOMÉTOR.

CONQUÊTE DE L'EGYPTE. RÉVOLUTION (a).

EPIPHANE laiſſa en mourant deux fils, qui portèrent ſucceſſivement la couronne. L'aîné n'avait que ſix ans, quand ſon père fut empoiſonné. Cléopâtre, ſa mère, eut la régence pendant les ſept ans de ſa minorité; & comme le jeune Prince, contre l'uſage de ſes ayeux, ne manqua jamais à la tendreſſe filiale, il obtint des diſpenſateurs des renommées, le ſur-nom de *Philométor*, ou d'*ami de ſa mère*, qui ne devint pas une ironie cruelle comme ceux de Philopator & d'Epiphane.

Il y avait dans le naturel du jeune Ptolemée, de quoi faire un Roi, père de

(a) *Juſtin.* lib. 34, *Polyb.* & *Diod.* in Legat. *Tit. Liv.* lib. 42, 44 & 45, *Excerpt. Valeſ.* *Hyeron.* in Cap. XI. Daniel.

ſes peuples. Malheureuſement ce naturel fut perverti par l'Eunuque Eulée, qu'on lui donna pour inſtituteur. Cet être vil, qui voulait ſe venger du mépris des hommes en les dominant, portant ſes vues au-delà de la minorité, à force de favoriſer toutes les paſſions naiſſantes de ſon élève, ſe rendit néceſſaire au Trône, & prolongea par-là ſon deſpotiſme ſur l'Egypte.

La nation, dégradée par ſa longue ſervitude, après avoir gémi un demi ſiècle ſous des monſtres, crut reſpirer, en obéiſſant à un Eunuque.

Eulée commença cependant ſon miniſtère par un trait de vigueur; il demanda au Roi de Syrie la Phénicie, la Célèſyrie & la Paleſtine, que ce Prince retenait depuis long-temps contre la foi des traités. Le Séleucide refuſa de ſe déſaiſir de ſa proie; & pendant qu'on armait de tout côté en Egypte, Rome, comme protectrice des couronnes de l'Orient, ordonna aux deux puiſſances de s'en rapporter à ſa médiation.

Au milieu des négociations pour la paix, Philométor entra dans sa quinsième année; & ayant été déclaré majeur, il fut couronné solemnellement dans Alexandrie.

Le jugement de Rome arriva enfin; mais le Roi de Syrie trouvant qu'il blessait la majesté de sa couronne, profita du moment où la République était occupée à humilier Persée en Macédoine, entra en Egypte, à la tête d'une armée puissante; & ayant rencontré celle de Philométor, non loin de Péluse, il lui livra bataille, & remporta sur elle une grande victoire.

Les désastres en Egypte s'enchaînaient aux désastres. Macron, qui commandait pour les Ptolemées dans l'isle de Chypre, ayant été outragé par l'Eunuque Roi, qui devait récompenser ses services, passa au service d'Antiochus, & lui livra son Isle, qui n'avait jamais changé de maître, depuis le commencement de la nouvelle Monarchie.

Le Séleucide qui avait le génie des

Conquérans, profita de la terreur générale, pour achever d'envahir l'héritage des Ptolemées. Il livra une ſeconde bataille à Philométor, la gagna, & montra une telle clémence après ſa victoire, que les peuples s'empreſsèrent de ſubir un joug qu'on leur dorait, pour leur en dérober la peſanteur. Toutes les Villes, juſqu'à Memphis, l'ancienne capitale, ouvrirent leurs portes au Conquérant. Il n'y eut qu'Alexandrie qui mit une ſorte de patriotiſme dans ſa réſiſtance; & comme Philométor s'endormait ſur ſon trône, tandis que le ſang de ſes ſujets coulait à torrens pour ſa défenſe, les Etats, indignés de ſa lâcheté, le déposèrent. Le Roi détrôné couronna tant de baſſeſſe, en allant lui-même, dans le camp des Syriens, mandier l'appui des uſurpateurs de ſes états, contre les peuples qui l'avaient jugé indigne de les gouverner.

Antiochus traita Philométor avec la généroſité d'Alexandre. Il voulut que ce Prince fût auſſi libre en Syrie qu'en Egypte;

il le fit toujours manger à sa table, & le jour qu'il fut couronné à Memphis Roi de la Monarchie des Ptolemées, il déclara publiquement qu'il ne montait sur ce trône étranger, que pour le conserver à son ancien possesseur. Tous ceux qui avaient intérêt à croire l'artificieux Séleucide, le crurent; mais l'Europe & l'Asie ouvrirent les yeux, & intriguèrent pour empêcher qu'un seul Souverain ne réunît deux des plus beaux héritages d'Alexandre.

Dans l'intervalle, Alexandrie avait choisi un Roi pour remplacer celui qu'elle avait déposé. Ce choix tomba sur le frère de Philométor, que les peuples nommèrent *Evergète II*, ou le *Bienfaiteur* (*a*),

(*a*) Comme ce Prince, dans la suite, loin de répondre à l'attente de sa nation, se trouva un monstre d'incontinence & de férocité, les Historiens du temps, qui ne furent pas adulateurs, changèrent son nom d'*Evergète* en celui de *Kakergète*, qui veut dire le *Malfaisant*, ou le génie du mal; nom attroce qu'il ne justifia que trop bien par toutes les horreurs de sa vie.

mais qui est bien plus connu dans l'Histoire sous celui de *Physcon*, par lequel la grosseur de son ventre était désignée : comme on se défiait de son inexpérience, on lui donna un Conseil d'hommes d'état chargés de le diriger, jusqu'à ce qu'on eût réparé les désastres de la Monarchie.

Les Amiraux de Physcon ne furent pas plus heureux contre Antiochus, que les Généraux de Philométor. Une flotte Egyptienne se laissa battre devant Peluse, & cette défaite entraîne le siége d'Alexandrie.

Cependant le Péloponèse se remuait pour la querelle des Ptolemées. Quelques Puissances négociaient ; d'autres faisaient des préparatifs de guerre. Le Séleucide fut obligé, à la fin, de lever le siége de la capitale, & de laisser régner Philométor à Memphis, tandis que Physcon régnait dans Alexandrie : il se flattait qu'il y aurait une guerre civile entre les deux frères, & que quand l'Egypte serait affaiblie par les convulsions de cette espèce d'anarchie, il viendrait sans danger se faire couronner ſur ſes ruines. Ses conjectures Machiavéliques heureuſement n'eurent point d'effet, parce qu'il y eut un traité ſecret entre Philométor & Phyſcon, par lequel, reconnoiſſant leurs droits mutuels, ils s'accordèrent à conſerver tous deux la couronne.

NOUVEAUX TROUBLES DE L'EGYPTE,

PENDANT LES RÈGNES COLLATÉRAUX DE PHILOMÉTOR ET DE PHYSCON (a).

LA nouvelle du traité entre les deux Rois, qui rendait inutiles tous les ſtratagêmes de la politique d'Antiochus, mit ce Prince en fureur; il revint en Egypte, à la tête d'une armée, pour en refaire la conquête. Philométor lui envoya à Rhinocorure, une ambaſſade ſolemnelle pour

(a) *Tit. Liv.* lib. 43 & 45, *Juſtin.* lib. 34, 35 & 38, *Polyb.* Legat. *Diod.* in Excerpt. Valeſ. *Appian. in Syriac. Valer. Maxim.* lib. 6 & 9, *Velleius Paterc.* lib. 1, *Plutarch.* in Apophtegm. *Joſeph.* Antiq. lib. 13, & de Bell. Judaïc. lib. 7, *Athen.* Deipnoſoph. Paſſim. *Euſeb.* in Chronic. Ces Ecrivains de l'antiquité ſeront auſſi nos garans pour d'autres chapitres.

arrêter ſes progrès. Le Chef de la négociation était chargé de repréſenter au Séleucide, combien ſon Souverain était reconnaiſſant d'avoir été conſervé, par une armée Syrienne, ſur le trône de ſes pères, & de le conjurer de maintenir ſon ouvrage. Antiochus répondit qu'on l'avait trompé : qu'au reſte, il demandait qu'on annexât pour toujours à la couronne de Syrie, l'Iſle de Chypre & la ville de Peluſe, avec ſon territoire, juſqu'à la première embouchure du Nil, & qu'à ce prix il ramènerait ſon armée dans Antioche. Philométor qui, à cette époque, n'était plus gouverné par ſon Eunuque, eut le courage de préférer la mort ſur un champ de bataille, au démembrement de la Monarchie. Alors le Séleucide commença les hoſtilités ; il parcourut en vainqueur l'Egypte entière juſqu'à Memphis, & déclara qu'il n'abandonnerait le pays conquis, qu'après la réduction & le déſaſtre d'Alexandrie.

Les deux Rois, dans l'intervalle, avaient

eu recours au peuple Romain, toujours le protecteur des opprimés, quand il prévoyait pouvoir jouer un jour, ſans péril contre eux, le rôle d'oppreſſeur. Popilius partit à l'inſtant pour aller notifier à Antiochus, les ordres ſuprêmes de ſa République. Tout le monde ſait quelle fut l'iſſue de cette ambaſſade altière. Le Prince qui en avait autrefois connu le Chef, lorſqu'il était à Rome en qualité d'otage, deſcendit de ſon trône à ſon approche; il lui tendit la main en ſigne d'amitié: mais le Romain la refuſa, ſous prétexte que le Séleucide n'était pas l'ami de la République. En même temps il préſenta au Monarque les tablettes ſur leſquelles était écrit le décret du Sénat, le priant de le lire & d'y répondre. Antiochus lut en effet l'étrange déciſion de ce tribunal de Rois, & dit qu'il en délibérerait avec ſon Conſeil. Alors le ſuperbe Popilius traçant un cercle ſur le ſable autour d'Antiochus, lui déclara que s'il ſortait de l'enceinte ſans lui répondre, il prendrait ſon ſilence pour une déclaration de guerre. Le Conquérant de l'Egypte n'avait jamais entendu un langage ſi audacieux : mais il connaiſſait l'Ambaſſadeur qui le lui tenait, & encore plus la Puiſſance formidable dont celui-ci était le repréſentant. Après un moment de réflexion, il ſe détermina à plier, & dit à Popilius qu'il remplirait l'attente de Rome. Peu de temps après, il évacua en effet l'Iſle de Chypre, Peluſe, & les villes du Delta & de la Thébaïde, où il tenait garniſon. Alors l'Egypte revint toute entière ſous la domination des Ptolemées.

La prudence d'Antiochus n'était pas au reſte auſſi puſillanime qu'on pourrait le penſer, d'après l'hiſtoire iſolée de Popilius. Rome, à cette époque, était la terreur de l'Orient : elle venait, grace à Paul-Emile, de vaincre Perſée, & d'ajouter la Macédoine à ſon Empire. Ce triomphe avait doublé à la fois les forces de ſes Généraux & l'orgueil de ſes repréſentans ; & ſi, dans une négociation avec les Séleucides, tous ses Ambassadeurs pouvaient être des Popilius, à la première campagne tous ses Généraux auraient été des Paul-Emile.

Philométor & Physcon, depuis la retraite d'Antiochus, vécurent pendant six ans dans une assez grande concorde. Au bout de cet intervalle, le dernier se lassa du partage d'un trône qu'il croyait dû tout entier à son génie; il forma contre son frère une faction puissante, qui l'obligea de quitter Alexandrie, & d'aller chercher dans Rome l'appui de quelques nouveaux Popilius.

Philométor, réduit par sa fuite précipitée à l'indigence la plus profonde, alla de Brindes à Rome à pied, & suivi d'un petit nombre d'esclaves qui s'offrirent à partager sa destinée. Démétrius, frère du dernier Séleucide, était alors en otage dans la Métropole de l'Italie. Dès qu'il fut instruit des désastres du Ptolemée, il lui fit faire un équipage magnifique, & alla à sa rencontre, à vingt-six mille de

Rome. Mais Philométor, qui ſavait que les tableaux pathétiques ſont ſeuls capables d'émouvoir le peuple des Républiques, ſe refuſa à tant de généroſité; il continua ſon voyage à pied, & à la deſcente du Tibre, il alla loger chez un Peintre obſcur qu'il avait connu à Alexandrie.

Rome, comme Philométor s'y était attendu, vit avec le plus vif intérêt un des ſucceſſeurs d'Alexandre obligé d'aller mendier un azyle à cinq cents lieues de ſa capitale. Le Sénat lui fit donner pour logement un palais digne d'un Roi, voulut qu'il fût revêtu de la pourpre, & prévint tous ſes beſoins avec magnificence, au dépens de la République.

Les Romains qui, depuis leurs triomphes ſur Carthage, ne faiſaient rien de grand, à moins qu'il n'en réſultât leur intérêt perſonnel, ne furent généreux qu'à demi envers Philométor. Ils rendirent la couronne à ce Prince, mais ſans l'ôter à ſon perſécuteur; de ſorte que le germe des anciennes discordes subsistant toujours, l'état épuisé par les factions, devait perdre tous ses principes de vie, jusqu'à ce qu'il plût à ses protecteurs de l'engloutir sans danger dans leurs vastes conquêtes.

Le principe perfide, *divise pour régner*, fut sur-tout la base de la politique Romaine envers les Ptolemées. Deux Sénateurs vinrent à Alexandrie faire le partage de la Monarchie entre les deux frères; ils donnèrent la Lybie & la Cyrenaïque à Physcon; pour l'Isle de Chypre & l'Egypte, elles furent adjugées à Philométor. On se doute bien que Physcon réclama contre un jugement qui lui ôtait la partie la plus brillante de ses états, pour l'envoyer régner obscurément dans les déserts de l'Afrique: il vint lui-même plaider sa cause à Rome, & obtint qu'on ajouterait l'Isle de Chypre à son appanage.

Ce nouveau partage blessa à son tour Philométor; mais instruit par ses anciens malheurs à être diſſimulé, il fit l'accueil le plus diſtingué aux Ambaſſadeurs de Rome qui vinrent l'en inſtruire, les amuſa par des fêtes pendant quarante jours, & au bout de cet intervalle, quand il vit l'Iſle de Chypre capable de ſe défendre contre toute invaſion, il déclara qu'il s'en tenait au premier traité : dès-lors la guerre civile fut déclarée, & l'ambition de Rome ſatisfaite.

Pendant que Phyſcon avait régné ſeul en Egypte, il avait appeſanti ſon ſceptre de fer ſur la nation, & ſon nom ſeul inſpirait la terreur, comme celui des Cambyſe & des Agathocle. Philométor profita adroitement de cette ſiniſtre renommée, pour faire ſoulever contre ſon frère juſqu'aux villes de ſon appanage. En effet, lorſque ce Prince voulut débarquer en Libye, il trouva toute la côte maritime ſous les armes pour lui diſputer le paſſage. Il fut donc obligé de conquérir juſqu'au pays que Rome lui avait donné. Sa première expédition réuſſit au-delà de ſes eſpérances. A la tête d'un petit nombre de troupes auxiliaires que l'argent & non le cœur lui avait données, il força les retranchemens des Libyens, les obligea à ſe ſauver en déſordre au ſein de leurs montagnes, & ſe rendit maître de quatre forteresses, le boulevard de la frontière.

Cyrène manifeſta avec plus d'énergie ſon horreur pour les tyrans : ſes habitans, réſolus de ceſſer d'être, plutôt que d'obéir à Phyſcon, marchèrent contre lui au nombre de huit mille hommes de pied, & de cinq cents chevaux. La partie n'était pas égale, parce que les ſoldats de Cyrène combattaient pour une patrie, au lieu que ceux du Ptolemée ne voulaient que gagner l'argent de leur ſolde. Auſſi Phyſcon fut-il entièrement défait, & obligé de cacher l'opprobre de ſa déroute dans les remparts d'une de ſes citadelles.

Cependant, peu de temps après, la terreur qu'inſpiraient les armes Romaines ouvrit à Phyſcon les portes de Cyrène. Ce Prince, long-temps à l'école du malheur, devait réfléchir ſur les cauſes de la haine univerſelle qu'il inſpirait; mais rarement le malheur corrige les tyrans. Phyſcon ſe conduiſit envers Cyrène, comme s'il l'avait priſe d'aſſaut. Il confiſqua les biens d'un grand nombre de citoyens; il fit tomber la tête de quelques autres ſur l'échafaud, & porta, par ſes violences, l'indignation publique à un tel période, que les amis mêmes des Romains ſe réunirent à l'ancienne faction des patriotes, pour former une révolution. Les conjurés s'aſſemblèrent dans la place publique, forcèrent les portes du palais, & auraient poignardé le tyran, ſi une prompte fuite ne l'avait dérobé à leur fureur.

Phyſcon, ſans reſſources, vint une ſeconde fois plaider ſa cauſe devant Rome; il accuſa ſon frère d'avoir été l'inſtigateur des troubles de Cyrène. Il peignit aux Sénateurs, dans un diſcours pathétique, les dangers qu'il avait couru dans la dernière révolte, leur montra les cicatrices de ſes bleſſures, & tâcha de les intéreſſer à ce qu'il appellait la querelle de tous les Rois. Les Romains n'avaient pas beſoin d'être émus, pour protéger le tyran de Cyrène. Ils avaient déjà été bleſſés du refus de Philométor, d'accéder au ſecond traité de partage ; & dans l'accès de leur premier reſſentiment, ils avaient chaſſé de leur capitale ſon Ambaſſadeur, en le chargeant de dire à ſon maître qu'il n'y avait plus d'alliance entre l'Egypte & la République. Dans la circonſtance préſente, on déclara ſolemnellement la guerre à Philométor ; on arma vingt-cinq galères pour aider Phyſcon à s'emparer de l'Iſle de Chypre, & on prodigua les Sénatus-Conſultes pour armer contre l'Egypte, les alliés de l'Aſie Mineure & du Péloponèſe.

Philométor, depuis long-temps, n'était plus l'eſclave couronné de ſes Eunuques ; il avait pris à l'école de l'infortune un caractère que les deſpotes ne prennent jamais à l'ombre d'un ſerrail, & on s'en apperçut assez au courage qu'il mit à défendre ses peuples, de l'ambition de Rome, & de la tyrannie de Physcon. Il commença par se mesurer avec son frère, qu'il battit dans l'Isle de Chypre; & l'ayant assiégé dans la forteresse de Lapitho, où il s'était renfermé après sa déroute, il le fit prisonnier sur la brèche de la place.

Il ne tenait qu'à Philométor de terminer la guerre à la manière des Romains, en envoyant le Roi vaincu au supplice. Mais ce Monarque, en punissant les tyrans, ne savait point l'être lui-même. Contre l'attente de tous les Machiavels de l'Egypte & de l'Italie, il pardonna avec générosité à son frère tous les outrages qu'il en avait reçus, lui rendit Cyrène & la Libye, & y ajouta quelques places, pour le dédommager de l'Isle de Chypre, que l'intérêt de ses peuples l'empêchait de détacher de sa couronne. Rome admira, en frémissant, tant de grandeur d'ame, & quelque tort qu'elle fît à son ambition, elle n'osa pas la punir.

Philométor, après avoir terminé cette guerre avec tant de gloire, se vit contraint d'en commencer une autre contre la Syrie. Archias, qu'il avait fait Gouverneur de Chypre, couvert des bienfaits de son Souverain, venait de le trahir, & s'était engagé de livrer, pour la somme de cinq cents talens, tout le pays où il commandait, à Démétrius, un des Séleucides. La trame fut découverte, avant que le temps l'eût conduite à sa maturité. On arrêta le coupable, & on le conduisit enchaîné à Alexandrie; là il fit l'aveu de sa perfidie, & avant son jugement, il s'étrangla dans sa prison.

Le Roi d'Egypte, vengé d'Archias, crut qu'il était de la majesté de son Trône de punir un complice illustre dans la personne de Démétrius; mais la philosophie regrette qu'il ait employé pour perdre ce Prince, des moyens dont il ne pouvait se dissimuler la bassesse. Il commença par favoriser, sous main, la révolte des habitans d'Antioche, contre le Séleucide; ensuite il suscita, pour le détrôner, un prétendu petit-fils d'Antiochus Epiphane, nommé Alexandre Bala, qui, grace à un décret de Rome, & à l'argent de Philométor, parut dissiper tous les nuages répandus sur sa naissance. Le Ptolemée couronna son ouvrage d'iniquité, en livrant Ptolémaïde au rebelle, en lui gagnant une partie de l'armée Syrienne, & en le faisant couronner après la mort de Démétrius.

L'imposteur, contre l'usage de ses pareils, parut reconnaissant; il envoya une ambassade solennelle en Egypte, pour demander Cléopâtre, la fille du Roi, en mariage, & il l'obtint. Philométor qui ne dédaignait plus le fourbe, depuis qu'il l'avait fait Roi, se rendit lui-même à Ptolémaïde avec Cléopâtre, & y célébra ses noces avec une magnificence digne d'un successeur d'Alexandre.

Bala, au comble de ses vœux, ne tarda pas à oublier son bienfaiteur; peut-être même qu'il s'exprima d'une manière peu mesurée, sur le pouvoir que Philométor conservait en Syrie. Quoiqu'il en soit, Ammonius, un de ses favoris, conspira pour assassiner le Ptolemée, dans une des Métropoles de la Phénicie. Le complot fut éventé. Le Roi d'Egypte écrivit alors à Bala, de punir Ammonius, ou de l'envoyer enchaîné à Alexandrie. Mais le Prince Syrien, dont le front étaitaguerri à ne rougir d'aucune infamie, protégea le perfide, même après le mauvais succès de la perfidie. Philométor outré, ôta sa fille à Bala, quoiqu'elle en eût déjà un fils, & la donna au jeune Nicator, que sa naissance & son génie appellaient au trône des Séleucides.

La guerre se ralluma donc avec fureur. Philométor, déjà maître de la Phénicie & de la Palestine, marcha en vainqueur jusqu'au centre de la Syrie. Antioche lui ouvrit ses portes, & lui offrit une couronne, qu'il eut la générosité de placer lui-même sur la tête de Nicator.

Bala, à cette époque, se trouvait en Cilicie, occupé à réprimer quelques villes rebelles. Au premier bruit de la révolution, il accourt à la tête de son armée, & met tout à feu & à sang, aux environs d'Antioche. Le Ptolemée & son nouveau gendre réunissent leurs forces, présentent la bataille au brigand, & remportent sur lui une grande victoire. Mais cette journée mémorable, fut à la fois fatale aux vaincus & aux vainqueurs.

Au milieu de la mêlée, Philométor, qui, pour encourager les Egyptiens, déployait toute la bravoure d'un soldat, vit son cheval se cabrer, au cri que jetta un Eléphant, & tomba; à l'instant l'ennemi se jetta sur lui, & sans les prodiges de valeur que firent ses gardes, il aurait été tué sur le champ de bataille. Malheureusement ce Prince avait reçu quelques blessures au visage; ce qui, joint à la violence de sa chûte, le réduisit à rester quatre jours entiers, sans pouvoir faire usage des organes de l'ouïe & de la voix. Le cinquième jour la connaissance lui revint, & le premier objet qu'il apperçut, fut la tête de Bala, qu'un Prince Arabe lui envoyait. Il eſt probable que la joie que lui donna un pareil ſpectacle, cauſa une nouvelle révolution dans ſon cerveau affaibli ; car il ne ſurvécut que de trois jours à ſa victime.

On a obſervé (ce qui ne s'était jamais vu en Egypte depuis le vertueux Subbacon) que Philométor, durant tout le cours de ſon règne, n'avait fait mettre à mort aucun de ſes ſujets. Ce règne cependant avait été de près de trente-cinq ans : car la mort de ce Ptolemée ne tombe qu'à l'an 1436 de l'ère de Paros, qui concourt avec la troiſième de la cent cinquante-huitième olympiade.

RÈGNE FÉROCE
DE PHYSCON.

Un peuple Scythe choisissait l'homme le plus beau pour le gouverner; c'est l'âge d'or des sociétés. Il était aisé, en voyant Physcon, de juger que le peuple qui l'avait choisi pour Roi, était de l'âge de fer. Qu'on se figure une espèce de nain sans physionomie, ramassé dans sa courte grosseur, dont les yeux tors annonçaient l'ame oblique, & le teint plombé, l'habitude de l'intempérance. Tel était le frère de Philométor. Comme son embonpoint énorme était entretenu par la vie oisive qu'il menait, ses pieds ne pouvaient soutenir, sans un appui étranger, la masse énorme de son corps. Son usage de ne se couvrir que d'un voile transparent, sous prétexte de ne pouvoir supporter le poids de la chaleur, ajoutait encore au mépris public, parce que rien ne cachait aux regards ſon étrange difformité. Cet être abject, ſoit par ſon organiſation phyſique, ſoit par ſon ame, n'en aſpirait pas moins auprès des femmes, à la renommée des Theſée & des Alcibiade; il groſſiſſait ſon ſerrail de toutes les beautés qui parlaient à ſes ſens; & quand une Egyptienne oſait lui réſiſter, il la violait d'abord, enſuite il la faiſait mourir.

Le chaſte pinceau de l'hiſtoire ſe refuſe à détailler en ce genre des tableaux qu'elle ne doit que faire entrevoir. Bornons-nous aux horreurs de la vie publique de Phyſcon. Las de bonne heure de la Princeſſe qu'il avait épouſée, pour monter plus ſûrement ſur le Trône, il la répudia avec ignominie, pour donner ſa main à Cléopâtre, ſa nièce, qu'il avait commencé par violer; & dans la ſuite il dédaigna celle-ci à ſon tour, pour ne donner aucun ombrage à Irène, ſa concubine.

Quand l'Egypte apprit que la mort de Philométor allait la réduire ſous l'obéiſſance de Phyſcon, elle frémit, mais en ſilence : car dans ce pays dégradé, on craignait encore plus la tyrannie, que la révolution orageuſe qui aurait pu l'anéantir. La veuve de Philométor fut la ſeule qui montra alors du courage. Elle fit proclamer Roi l'enfant à peine ſorti du berceau, qu'elle avait eu de Ptolemée. Phyſcon furieux, accourut à l'inſtant de Cyrène à Alexandrie, & la guerre civile allait commencer, quand un Ambaſſadeur Romain interpoſa ſa médiation. Il fut décidé que Phyſcon épouſerait la veuve de Ptolemée, & que l'enfant royal qu'il adopterait, ſerait déclaré l'héritier préſomptif de la couronne. Le parti des patriotes & celui des eſclaves, applaudirent également à ce traité, qui ſauvait le ſang des peuples. Perſonne ne ſoupçonnait dans quel ſens atroce le monſtre couronné allait l'exécuter.

Phyſcon ordonna que ſes noces avec la veuve de Philométor, fuſſent célébrées avec une magnificence royale. Le jour destiné à la fête, Alexandrie se livra à une joie effrénée. Les Prêtres, la main sur les autels, n'annonçaient au peuple que des présages heureux; le palais était dans la plus profonde sécurité : tout-à-coup le tyran paraît, un poignard à la main, dans l'appartement de la Reine, & égorge le fils de Philométor, dans les bras de sa mère, qui fait de vains efforts pour le défendre. Il passe ensuite, avec tout le sang-froid de la scélératesse la plus consommée, dans son cabinet, & signe la proscription de tous les citoyens qui s'étaient montrés les partisans publics de sa victime. Les satellites de ses fureurs se répandirent dans la ville, & arrêtèrent ces infortunés, dont les moins zélés furent condamnés à l'exil, & les autres furent traînés au supplice.

La Reine fut assez malheureuse, pour ne pas mourir de sa douleur. Attachant encore quelque prix à un trône couvert du sang de son fils, elle eut la faiblesse de recevoir Physcon dans son lit. Il naquit d'une union aussi sinistre un enfant, nommé *Memphite*, en mémoire de ce que le jour même, son père se faisait couronner à Memphis, l'ancienne capitale des Pharaons.

Les assassinats & les supplices, troublèrent les fêtes de cette naissance, comme ils avaient troublé celles du mariage. Quelques Seigneurs de Cyrène qui avaient amené Physcon en Egypte, ayant été accusés d'avoir parlé avec indécence du scandale des amours du Roi avec Irène, furent arrêtés, & périrent sur un échafaud; & comme le peuple d'Alexandrie, naturellement enclin à l'épigramme, se permit de répéter celles des Seigneurs de Cyrène, le tyran, qui regardait tous ses sujets comme autant d'ennemis, permit à ses soldats, de faire main basse sur tel citoyen qu'ils jugeraient à propos : ce qui amena un carnage pareil à celui d'un champ de bataille.

Une férocité aussi continue de la part de Physcon, ouvrit les yeux des habitans de la capitale. Toujours environnés d'efpions farouches, n'allant dans les places publiques, que pour y voir des échafauds, ils fe lafsèrent enfin de refpirer l'air dévorant de la tyrannie; & la plupart de ceux qui avaient une famille à dérober à la profcription, allèrent chercher un afyle dans les déferts inacceffibles de la Thébaïde. Alexandrie ainfi dépeuplée, allait devenir un défert, lorfque Phyfcon propofa à tout étranger qui voudrait s'établir dans cette capitale, les maifons abandonnées par leurs anciens poffeffeurs, avec les privilèges de citoyen d'ancienne race. Ces avantages décidèrent quelques familles de fpéculateurs, dans l'Italie, dans l'Afie Mineure & dans le Péloponèfe, & Alexandrie fut repeuplée.

Cependant Phyfcon, toujours altéré de fang humain, & rugiffant comme le tigre à la vue de toute proie vivante, qui venait dans fon repaire, ne tarda pas à ajouter ces étrangers à fes anciennes victimes. Un jour que toute la jeuneffe de la ville était assemblée dans le gymnase, le tyran commanda à ses gardes de se jetter sur elle, & de la passer au fil de l'épée. Ce dernier attentat, ramenant tout le monde à la défense naturelle, il y eut une révolution. Les Alexandrins coururent au palais, la torche à la main, pour y mêler les cendres de Physcon avec celles de l'édifice. Le monstre fut averti à propos, non par un ami (car il ne pouvait en avoir), mais par un de ses complices; il se sauva en désordre, & trouvant un vaisseau prêt de mettre à la voile, il se rendit dans l'Isle de Chypre, emmenant Cléopâtre, celles de ses femmes qu'il avait violée avant de la faire Reine, & Memphite, le fils qu'il avait eu de la veuve de Philométor.

Le peuple, furieux de l'évasion du tyran, déchargea sa rage impuissante sur ses statues, qu'il mit en pieces ou qu'il traîna dans la fange. Ensuite les Etats-Généraux s'assemblèrent, & on décerna le pouvoir absolu à la veuve de Philométor, qui portait, comme l'épouſe actuelle de Phyſcon, le nom de Cléopâtre.

Le tigre couronné, ſe vengea à la manière des Tantale & des Atrée. Memphite, ſon fils, Prince d'un caractère heureux, & l'eſpérance de ſa nation, venait d'atteindre ſa quinzième année: il le fit égorger devant lui, ordonna qu'on mît ſon cadavre en morceaux, & l'envoya dans un coffre bien ſcellé, à la Souveraine d'Alexandrie, avec la tête toute entière, afin qu'elle pût le reconnaître. Ce monſtre choiſit, pour faire remettre à une mère ſenſible les reſtes ſanglans de ſon fils aſſaſſiné, le jour où tous les ordres de l'Etat célébraient la naiſſance de leur Reine. Le coffre fut ouvert en préſence des grands de la Cour; alors, les ames glacées de ces êtres frivoles, s'échauffèrent pour la première fois, & tous jurèrent de laver dans le ſang de Phyſcon l'injure de la Reine, celle de l'Egypte, ou plutôt l'outrage fait au genre humain.

Malheureusement la cause la plus juste fut encore celle qui succomba. L'armée de Cléopâtre levée à la hâte, ne put tenir contre les troupes aguerries de Physcon, & fut vaincue près des murs d'Alexandrie. La Reine, dans une telle perplexité, appella en Egypte Nicator, Roi de Syrie, son gendre, & lui en promit la couronne, s'il voulait en tenter la conquête. Le Séleucide se présenta en effet devant Péluse, pour en faire le siège; mais dans l'intervalle, ses propres sujets s'étant révoltés, il fut obligé de renoncer à la couronne qu'on lui offrait en perspective, pour défendre ses états héréditaires. Alors Cléopâtre sans ressources, s'embarqua avec tous ses trésors, & vint se réfugier auprès de sa fille, à Antioche.

L'abominable Physcon rentra donc encore une fois dans Alexandrie, pour y jouir, malgré le ciel & la terre, du fruit de ses forfaits.

Et comme si l'Egypte n'était pas encore

aſſez dévaſtée par le glaive de la tyrannie, un autre fléau vint la frapper. Il y avait quelque temps que des eſſains effroyables de ſauterelles s'étaient montrés en Afrique. Après avoir rongé, juſque dans leurs racines, tous les végétaux où ils s'accumulèrent, un vent impétueux les emporta dans la mer, & les vagues les rejettèrent mortes ſur le rivage. Les miaſmes putrides qui s'exhalèrent de ce foyer cadavéreux infectèrent alors l'atmoſphère, & il en réſulta une peſte horrible qui cauſa d'affreux ravages dans toute la partie maritime de l'Afrique, qui borde la Méditerranée. S'il en faut croire les anciens, il périt huit cents mille perſonnes dans la ſeule Monarchie des Ptolemées.

Les deux fléaux, celui de la tyrannie & celui de la peſte, ceſsèrent à-peu-près en même-temps. Phyſcon, plus affaibli par ſes débauches, que par le poids de l'âge, marcha à pas précipités vers la tombe qui l'engloutit enfin à la ſatisfaction de l'Egypte & de toutes les parties du globe où ſon nom abominable était parvenu. Avant de mourir, il maria Lathyre, ſon fils aîné, & nomma à la régence de la Monarchie, la ſeconde Cléopâtre, avec le privilège de faire proclamer Roi celui des deux Princes ſes enfans, qu'elle jugerait à propos. Apion, batard d'Irène, la plus chere de ſes Maîtreſſes, obtint, par le même teſtament, Cyrène pour appanage.

Il y avait vingt-neuf ans que Phyſcon déshonorait le trône des Ptolemées, quand il ceſſa de vivre. Sa mort tombe à l'an 1465 de l'ère de Paros, qui répond à la quatrième de la cent ſoixante-cinquième olympiade.

TROUBLES DANS LA MONARCHIE DES PTOLEMÉES,

ET CONFUSION DANS SES FASTES. RÈGNES ORAGEUX DE LATHYRE ET DE DEUX ALEXANDRES (a).

LA seconde Cléopâtre, épouse de Physcon, n'aimait point son fils aîné; elle voulut, en vertu du testament qu'elle

---

(a) Pour ne point fatiguer nos Lecteurs par l'uniformité fastidieuse des mêmes citations à chaque chapitre, nous allons indiquer ici les sources anciennes où nous avons puisé, pour cette Histoire des Ptolemées, depuis la mort de Physcon, jusqu'à la destruction de la Monarchie.

Strab. Géograph. lib. 12, 14, 16 & 17, *Pausan.* lib. 1; *Justin.* lib. 39; *Jul. Cæsar.* de Bell. Civil. *Florus*, lib. 3 & 4, *Appian.* in Mitrid. in Syriac. in Parth. & in Bell. Civil.

avait dicté, placer ſur le trône Alexandre, le cadet de Lathyre. Mais les Etats s'y opposèrent; ils ne voulurent pas que le caprice d'une mère preſcrivît contre la nature, & ils appellèrent de Chypre le véritable héritier de Phyſcon, pour lui décerner la couronne.

Ce Ptolemée prit à ſon évènement le nom faſtueux de *Soter II*, ou *Sauveur*; mais une petite excroiſſance de la forme d'un pois, qu'il avait au viſage, le fit appeller *Lathyre*, & ce nom peu décent a prévalu dans l'hiſtoire.

Cléopâtre qui n'avait pu réuſſir à priver Lathyre du ſcèptre qui lui était dû, ne renonça pas, quand elle le vit Roi, à ſa

---

Ammian. Mercell. lib. 14, *Vell. Puterc.* lib. 2, *Suéton.* in Cæſ. & in Octav. *Dio. Caſſ.* lib. 38, 39, 42, 48, 49, 50 & 51, *Joſeph.* Antiq. lib. 13, 14 & 15; *Athen.* Deipnoſoph. lib 4, 6 & 12; *Plutarch.* in Syll. in Lucul. in Caton. & in Anton. *Valer. Maxim.* lib. 4 & 9, *Macrob.* Saturn. lib. 2, *Cicer.* Orat. paſſim. *Oroſ.* lib. 6, *Porph.* Apud Euſebium.

haine implacable ; elle l'obligea, à force d'artifices, de répudier sa sœur aînée, qu'il avait épousée par ordre de Physcon, pour faire partager son trône & son lit à Sélene, sa cadette, qu'il n'avait jamais pu aimer ; ensuite elle lui inspira de la jalousie contre la nouvelle Reine, & la fit répudier à son tour. Non contente d'empoisonner ainsi par la discorde, les jours de son fils, elle eut recours à une perfidie pour le perdre dans l'esprit de ses peuples. Quelques-uns des eunuques de cette femme atroce, se blessèrent eux-mêmes par son ordre, & allèrent se plaindre devant la multitude, prétendant que Lathyre les avait ainsi mutilés, pendant qu'ils paraient les coups que ce Prince portait à Cléopâtre. Alexandrie, sans discuter un Roman si peu vraisemblable, crut les eunuques. On vint en foule assiéger le palais, & le malheureux Ptolemée aurait été égorgé, avant qu'il pût se faire entendre, s'il ne s'était embarqué à l'instant sur un vaisseau qui faifait voile en Syrie. Il commençait la dixième année de fon règne, lorfque fa mère le força ainfi d'abdiquer.

Alexandre I fut couronné à la place de fon frère, mais à condition qu'il ne ferait que le premier efclave de l'altière Cléopâtre. Auffi pendant les premières années de cette efpèce de minorité, le Prince ne paraiffait régner, que parce qu'il fcellait de fon fceau quelques édits, & que fon nom fe trouvait à la tête des faftes d'Alexandrie. C'était Cléopâtre qui nommait aux emplois, qui faifait les Généraux d'armée, & qui donnait même audience aux Ambaffadeurs.

L'Egypte entière s'était imaginée que la dépofition de Lathyre amenerait une guerre civile; l'Egypte fe trompa. Lathyre avait une flotte & une armée de trente mille hommes à fes ordres, dans l'Ifle de Chypre; mais comme il craignait Cléopâtre (car affurément le patriotifme n'entrait pour rien dans fon ame pufillanime), au lieu d'employer fes forces à recouvrer le trône dont il avait été injustement dépossédé, il s'amusa à faire la guerre aux Juifs. Son expédition ne laissa pas que d'être glorieuse. Il escalada une ville d'Azoth, en Galilée, un jour de Sabbat, où la garnison n'osait se défendre ; & ayant rencontré l'armée ennemie, non loin des rives du Jourdain, il la tailla en pieces. Les historiens disent que les vainqueurs échauffés par la double haine de la politique & de la religion, ne cessèrent d'égorger leurs victimes prosternées sur le champ de bataille, que lorsque leurs glaives émoussés ne se prêtèrent plus à leur fureur. Suivant la tradition la moins exagérée, les Juifs perdirent à cette défaite, trente mille hommes.

Le faible Lathyre qui n'était pas moins féroce que ses soldats (car l'ame d'un despote allie très-bien la faiblesse & la férocité), déshonora de son côté sa victoire par un trait digne des Cannibales. Sur le soir s'étant retiré dans les villages voisins, où il ne restait que des enfans & des femmes, il ordonna de les égorger devant les prisonniers, de les mettre en pièces & de les jetter dans des chaudières d'eau bouillante; sa politique atroce était d'inspirer la plus grande terreur aux Juifs, en leur faisant croire que leurs ennemis étaient des antropophages. Au reste, il faut être juste : Josephe est le seul garant d'un fait que son voisinage des siècles éclairés de Périclès & d'Auguste, rend si peu vraisemblable. L'historien Juif ajoute, qu'il l'a puisé dans Strabon & dans Nicolas de Damas, & on n'en trouve rien dans ce qui nous reste de leurs ouvrages.

Cependant Cléopâtre qui craignait que le vainqueur des Juifs ne fût tenté de remettre l'Egypte sous son joug, leva à la fois trois armées. Ce Prince parut en effet sur les frontières de ses anciens Etats; mais trouvant par-tout des barrières insurmontables, grace à l'ambition vigilante de sa mère, il revint à Gaza, sans avoir tenté la plus légère conquête.

Dans l'intervalle, Alexandre, à la vue du plan formidable de défenſe qu'avait imaginé Cléopâtre, craignit que cette femme audacieuſe, n'en fît uſage moins contre le faible Lathyre que contre lui-même. Plus attaché à la vie qu'à ſa couronne, il abdiqua de lui-même le gouvernement, & ſe retira hors d'Alexandrie, préférant ainſi la tranquillité d'un exil volontaire aux honneurs d'un trône qu'il ne pouvait partager avec ſa mère, ſans danger. L'ambition de Cléopâtre ſourit à cet acte de faibleſſe. Mais le peuple qui n'avait point à ſe plaindre de l'adminiſtration d'Alexandre, le protégea malgré lui; il y eut une émeute. Alors la politique de la Souveraine ſe plia aux circonſtances; & elle demanda, par grace, à ſon fils, de revenir prendre ſa place ſur le trône des Ptolemées.

L'homme le plus faible, quand il a des droits à une couronne, ne ſe fait jamais craindre impunément. Cléopâtre, bleſſée de ſe voir traverſée, même par une ſtatue, résolut de venger son orgueil : elle conspira contre son propre fils, pour lui ôter à la fois la couronne & la vie. Voilà la vraie Cléopâtre, femme à grand caractère dans sa scélératesse, qui a pu être l'héroïne de notre belle Tragédie de Rodogune, & non la Reine de Syrie, de ce nom, qu'on ne connaît que par un fragment d'Appien. Au reste, le dénouement du trait d'histoire est un peu moins théâtral que celui de Corneille. Alexandre, instruit du complot, prévint sa mère & la fit égorger.

Cet assassinat, quelque soin qu'on eût pris dans le palais pour en anéantir la trace, perça dans Alexandrie ; & les Egyptiens rougissant d'obéir à un parricide, rappellèrent Lathyre, qui revint, après dix-neuf ans d'exil, reprendre sa place sur un trône qu'il n'aurait jamais du quitter. Le Roi déposé fit quelques tentatives pour recouvrer ses Etats ; mais deux flottes qu'il avait armées, furent battues successivement, l'une devant Alexandrie,

& l'autre à la hauteur de l'Isle de Chypre. Il perdit la vie dans la dernière déroute. Cet Alexandre avait acquis à force d'intempérance, l'embonpoint énorme de Physcon; il ne pouvait marcher sur la fin de son règne, qu'appuyé sur deux esclaves. Quoiqu'il n'eût jamais répandu d'autre sang en Egypte que celui de Cléopâtre, il ne fut regretté de personne, si ce n'est de ses eunuques & de ses maîtresses.

Lathyre, de son côté, règna très-obscurément pendant les sept ans qui s'écoulèrent depuis son rappel jusqu'à sa mort. Tous les faits historiques de cet intervalle, se réduisent à l'ambassade de Lucullus, & à la révolte de la Thébaïde.

Lucullus avait été chargé par Sylla de recruter des troupes auxiliaires chez toutes les puissances alliées de la République, pour les opposer à Mithridate, qui, comme un torrent débordé, menaçait d'engloutir toute l'Asie. Quand on le sut proche d'Alexandrie, la flotte Egyptienne alla en grand appareil à sa rencontre; tant la terreur qu'inspiraient les armes de Rome, donnait de crédit à son représentant. Le Roi le reçut & le logea dans son palais; honneur que l'étiquette de la Cour des Ptolemées, avait toujours défendu de déférer à un étranger, & il lui offrit quatre-vingt talens, pour l'indemniser des frais de son voyage. Le superbe Romain qui ne voulait d'autre or que celui dont il dépouillerait les ennemis de sa patrie, refusa les quatre-vingt talens, & n'accepta de la générosité intéressée de Lathyre, qu'une émeraude. Il est certain que le Roi d'Egypte ne mit tant de faste dans l'accueil qu'il fit au Lieutenant de Sylla, que pour l'empêcher d'envenimer son refus de remplir les vues politiques du dictateur : car il conserva dans la guerre qui s'allumait de toute part, une exacte neutralité; & il eut la sagesse, en ne déplaisant point à Rome, de ne point attirer sur ses états les armes redoutables de Mitrhidate.

La guerre de la Thébaïde fait un peu moins honneur à la politique du Ptolemée. Ce Prince, à force de vexer cette Province importante de l'Egypte, la força à se rendre indépendante, comme elle l'avait été pendant un grand nombre de générations sous les Pharaons. Non-content de cette faute essentielle en administration, il laissa les rebelles tranquilles pendant trois ans, sans songer à les ramener. Enfin, cédant aux murmures d'Alexandrie, qui ne pouvait voir sans rougir un pareil démembrement, il partit à la tête d'une armée formidable, prit Thèbes d'assaut, en enleva les richesses amoncelées par le luxe de plusieurs siècles, & y exerça sur les habitans de froides & inutiles barbaries. Rentré en triomphe dans sa capitale, ce Prince jouit peu de la gloire féroce qu'il venait d'acquérir; il mourut après trente-six ans d'un règne orageux, dont il en avait passé dix sous la tutelle de Cléopâtre, & dix-neuf dans l'exil. Sa mort tombe à l'an 1501 de l'ère de Paros, où à la quatrième de la cent soixante & quatorzième olympiade.

Les fastes de la Monarchie Egyptienne, sont dansune étrange confusion, à l'époque dont nous écrivons l'histoire. Au défaut de faits, les Ecrivains de l'antiquité citent des noms, & encore ces noms (*a*) n'amenent-ils que de vaines conjectures en chronologie. Nous sommes au commencement du beau siècle d'Auguste, & il semble que nous errions sans guide dans

(*a*) Il n'y a pas jusqu'aux noms des Reines, qui ne servent à redoubler l'obscurité de ces fastes : ces Princesses en ont presque toujours deux, & quelquefois trois : or, les Historiens adoptent d'ordinaire celui de ces noms qui se concilie le mieux avec l'harmonie de leurs périodes. Parmi ces noms, il y a celui de Cléopâtre, qu'on trouve donné presqu'indifféremment à toutes les Reines. Ce qui démontre que c'est un nom générique commun à toutes les épouses des Ptolemées, comme celui de Pharaon l'était à tous les Rois des dynasties de Manethon. Il ne faut jamais perdre cette observation de vue, quand on lit l'Histoire d'Egypte du second âge, dans les Ecrivains originaux.

le cahos des premières dynaſties des Pharaons.

Ptolemée, à cet égard, le meilleur de nos garants, puiſqu'il devait être inſtruit à fond de l'hiſtoire de ſon pays & de ſa maiſon, dans le fameux canon aſtronomique qu'il nous a laiſſé, ne remplit que par le nom de Lathyre l'intervalle de trente-ſix ans qui s'eſt écoulé entre les règnes de Phyſcon & d'Aulète. Il eſt probable qu'il ne regardait Alexandre I, que comme un uſurpateur, dont le nom ne devait pas déshonorer les faſtes des Rois Egyptiens. C'eſt par un principe peu différent, qu'il ne fait aucune mention ni de Bérénice ni d'Alexandre II, dont la première ne fit que ſe montrer ſur le trône, & dont l'autre fait Roi par Sylla, fut dépoſé par ſes crimes. Il faut cependant s'arrêter un moment ſur ces phantômes de Souverains, quoique leur noms ſtériles ne groſſiſſent pas notre dynaſtie des Ptolemées. Ce n'eſt pas la première fois que l'hiſtoire a rempli avec quelque profit pour les hommes, lès vuides de la chronologie.

Lathyre avait eu de Sélène, que Cléopâtre l'avait contraint d'épouser, deux filles, dont l'aînée, du même nom que son ayeule, s'était mariée successivement à Alexandre I, son oncle, & à deux Séleucides; la seconde, appellée Bérénice, est un de ces phantômes de Souverains, que nous allons voir s'asseoir quelques mois sur le Trône des Ptolemées.

Lathyre, outre ces deux enfans légitimes, laissa deux batards qu'il avait eus de la plus chérie de ses maîtresses; l'un obtint pour appanage, la Souveraineté de l'Isle de Chypre; l'autre est cet Aulète, qu'on voit figurer après Lathyre, dans le canon astronomique de Ptolemée.

Il y avait encore un concurrent qui pouvait, avec raison, aspirer à l'héritage de Lathyre. C'était un Alexandre II, fils du Roi du même nom, qui avait fait assassiner Cléopâtre. Au commencement des dissentions de l'Egypte, sous le règne de Lathyre, on avait fait paſſer le jeune Prince dans l'Iſle de Cos, avec une partie des tréſors de la couronne. Mithridate qui rencontra cette Iſle dans le cours de ſes conquêtes, s'en empara. Alors Alexandre tomba ſous le pouvoir du héros du Pont, qui, ne haïſſant parmi les hommes que ce qui portait le nom Romain, traita ſon captif avec bonté, & lui fit eſpérer de le rétablir un jour ſur le trône de ſes pères. Mais le jeune Ptolemée qui vit que Rome marchait à pas de géant à la conquête de l'Aſie, faiſant céder la reconnaiſſance à la politique, trahit ſon bienfaiteur, & ſe jetta dans les bras de Sylla, qui tenait alors dans ſes mains les deſtinées de ſa République.

Alexandrie avait totalement oublié qu'il exiſtait hors de l'Egypte un rejetton du ſang des Ptolemées. Auſſi quand Lathyre mourut, les Etats-Généraux ne voyant autour du trône aucun Prince légitime, y firent monter Bérénice, qui, née ſans génie & ſans caractère, n'aurait pu s'y maintenir, quand même perſonne ne ſerait venu le lui diſputer.

A peine Bérénice avait-elle goûté du pouvoir abſolu, que le jeune Alexandre, armé d'un décret de Rome, qui valait une armée, parut dans la Capitale de l'Egypte. Le peuple trembla & obéit. On fit aſſeoir le protégé de Sylla ſur le trône des Ptolemées, & on ſe contenta de le prier, pour ſauver une guerre civile, d'épouſer ſa couſine, Bérénice. Le nouveau Roi parut ſe prêter aux vœux de ſes ſujets; le mariage ſe célébra avec une magnificence royale. Mais dix-neuf jours après, le ſcélérat qui ne trouvait dans Bérénice ni la beauté, ni l'eſprit qui en dédommage, dégoûté de ſa jouiſſance, la fit aſſaſſiner.

On ne connaît d'autre trait du règne d'Alexandre II, que le meurtre de Bérénice. Il eſt probable que la nation n'attendit pas que ſon tyran fît revivre un Epiphane ou un Phyſcon, pour le punir. Suivant Porphyre & Appien, le barbare fut inveſti dans ſon palais, traîné avec ignominie juſqu'au Muſée, & là mis à mort. A en croire Suétone, & ſur-tout Cicéron, qui était le contemporain de tous les acteurs de cette tragédie, on ſe contenta de le dépoſer, pour faire régner à ſa place Aulète, batard de Lathyre. Alexandre, ſans génie & ſans armée, alla en Syrie ſolliciter Pompée de le protéger contre les Egyptiens, que ſon orgueil appellait des rebelles. Il n'obtint du Romain qu'une ſtérile pitié; alors il ſe retira à Tyr, où il mourut de chagrin. On dit qu'il conſerva juſqu'à ſon dernier ſoupir, le titre imaginaire de Roi d'Egypte; & que ne pouvant ſe venger autrement de ſes ſujets qui l'avaient dépoſé, qu'en jettant parmi eux des ſemences de diſcorde, il laiſſa par ſon teſtament l'Egypte aux Romains, qui en effet, n'attendirent que la génération ſuivante pour en faire la conquête.

Ce règne paraſite d'Alexandre II, eſt très-difficile à arranger dans la dynaſtie des Ptolemées. S'il fallait en croire

Porphyre & Appien, ce Prince n'ayant ſurvécu que deux jours à l'aſſaſſinat de Bérénice, qui, elle-même n'avait porté le ſceptre que ſix mois, ſa mort tomberait, ainſi que celle de la Reine, l'année même de celle de Lathyre, ce qui juſtifierait le canon de Ptolemée de l'oubli de Bérénice & d'Alexandre. Si l'on ſuppoſe que Cicéron & Suétone ont écrit d'après des mémoires plus exacts, on ne peut ſe diſpenſer de donner quinze ans de règne à l'aſſaſſin de Bérénice. Dans cette hypothèſe, ou le Prince dépoſé ne portait qu'un titre imaginaire de Roi, dans cette ville de Tyr, où on le fait mourir de chagrin; ou s'il règna réellement dans quelque coin de l'Egypte, ce ne fut que parce qu'Aulète, qui ne le craignait pas, voulut le conſoler de ſes diſgraces, en lui laiſſant quelqu'appanage. Et dans les deux cas, le canon aſtronomique de Ptolemée, qui fait Aulète ſucceſſeur immédiat de Lathyre, peut encore être la baſe de notre chronologie.

CONSIDÉRATIONS POLITIQUES SUR L'EGYPTE,

A L'ÉPOQUE DE SA DÉCADENCE.

DANS la perſonne de Lathyre & d'Alexandre II, s'éteignit la branche directe de la Maiſon royale des Ptolemées. Ce grand évènement fit preſſentir au ſeul Etat de l'Afrique, qui, depuis la chûte de Carthage, retardait l'eſclavage de cette partie du globe, qu'elle ne tarderait pas à être engloutie dans la Monarchie univerſelle.

L'Egypte, à cette époque, n'avait plus rien de la force politique qu'elle avait acquiſe ſous les premiers Ptolemées. Sa marine était tombée dans le mépris. Le grand canal qui uniſſait les deux mers, pour la propagation du commerce, était comblé ; le Nil couvrait en vain les plaines du Delta, de ſes eaux génératrices ; l'agriculteur sans ressource & sans encouragement, n'aidait en rien la nature. Et, pour comble de malheur, le sol de l'Egypte couvert d'eau stagnantes, appellait les épidémies, & devenait peu-à-peu le foyer de cette peste, qui, depuis tant de siècles, semble indigène à cette contrée de l'Orient, pour le malheur de l'Asie & de l'Europe.

Une des premières causes de la décadence de l'Egypte, est l'introduction du despotisme sous le premier des Ptolemées. Le despotisme concentre l'Etat à la Cour; alors quand le Souverain n'est pas quelque chose, les peuples ne sont rien.

Un Prince à grand caractère, qui a le pouvoir absolu en main, fait le bien, je le sais, avec infiniment plus d'énergie. Voilà pourquoi l'ancienne Egypte se glorifia du despotisme de Sabbacon, & que nous verrons Rome s'énorgueillir d'exister toute entière dans la personne des Trajan & des Marc-Aurele. Mais les annales de tous les peuples du monde démontrent que sur un despote à grand caractère, il y en a vingt qui ſont des tigres ou des ſtatues. Il ne faut donc point qu'une Monarchie ſoit un homme, à moins qu'on n'adopte les paradoxes de ces plumes vénales & avilies, qui ne ſe ſont exercées ſur la politique, que pour outrager la morale du genre humain, & blaſphémer la nature.

Le deſpotiſme fit ſur-tout un grand mal à l'Egypte des Ptolemées, parce que le trône y était héréditaire. Quand une nation nomme ſon Souverain, elle a intérêt à faire tomber ſon choix ſur un citoyen qui ſache lui-même mettre des limites au pouvoir abſolu. Mais qu'attendre d'un être ſuperbe, né ſur les marches du trône, qui peut tout, uniquement parce que ſon père pouvait tout; qui ne connaît de ſa Monarchie que l'enceinte de ſes palais, & l'étendue de ſes pouvoirs, que par l'impunité de ſes crimes?

Le deſpotiſme fut fatal intérieurement à l'Egypte, parce que l'habitude de l'eſclavage, lui ôta tout ſon reſſort. On peut juger de l'inertie des peuples, par le long règne de l'abominable Phyſcon, qui, couvert du ſang de toute ſa famille, violant les femmes, lors même qu'il était ſans deſirs, égorgeant les hommes par manière de jeu, après avoir réduit tous ſes ſujets à la défenſe naturelle, mourut tranquillement ſur ſon trône, & dans ſon lit. Des millions d'hommes, diſent les Hiſtoriens, abandonnaient à la fois leur patrie; & on ne puniſſait ce monſtre couronné, qu'en le faiſant régner ſur des déſerts.

Le deſpotiſme ne fut pas moins fatal aux Rois d'Egypte qu'à leurs peuples. A voir cette quantité de tyrans, qui, depuis Philopator juſqu'à Cléopâtre, ont été dépoſés, empoiſonnés ou égorgés, on eſt bien ſurpris qu'aucun d'eux n'ait ſongé, pour ſon propre intérêt, à remettre dans ſon fourreau ce poignard à deux tranchants, qui n'agit contre les membres du corps politique, qu'en réagiſſant contre le chef qui en fait uſage.

Enfin, le despotisme, après avoir fait le malheur de l'Egypte entière, dans son intérieur, lui ôta les ressources pour se défendre contre ses ennemis naturels ; ce qui prépara les voies à sa conquête.

Il y avait long-temps que Rome dévorait de ses regards avides cette belle Monarchie des Ptolemées. Toutes les alliances qu'elle avait faites avec ses bons Rois, les secours qu'elle lui avait donnés contre ses tyrans, les prétendus arrêts de médiation qu'elle avait portés dans les dissentions du trône, tout la conduisait par dégrés à voir un jour son ambition satisfaite. Mais il lui fallut deux siècles & demi pour consolider à cet égard son machiavélisme : car elle ne recueillit que sous Cléopâtre, les fruits d'iniquité dont elle avait semé les premiers germes sous Philadelphe.

Il eût été aisé à l'Egypte de forcer ce torrent débordé, à refluer sur lui-même, en l'arrêtant de bonne heure par des confédérations utiles. La Monarchie d'Alexandre, toute démembrée qu'elle était à la mort du héros, pouvait lutter avec ſuccès contre Rome conquérante, & retarder ainſi de pluſieurs ſiècles l'eſclavage du monde. Mais la Syrie, la Macédoine & l'Egypte, au lieu de s'unir contre l'ennemi commun, l'appellèrent chez elles, pour triompher dans de vaines rivalités nationales. Enſuite quand l'Orient vit la faute politique qu'il avait commiſe, il n'eut pas le courage de la réparer. L'Egypte & la Syrie virent tomber la Macédoine, ſans lui donner de ſecours. Le tour de la Syrie vint enſuite, & les Ptolemées eurent la baſſeſſe abſurde de ſe réjouir du déſaſtre des Séleucides. Il fallait bien que l'Egypte abandonnée à elle-même, & n'ayant pour ſe défendre que des deſpotes ineptes, & des millions d'eſclaves, finît par faire partie de la Monarchie univerſelle.

Il faut rendre juſtice à la politique de Rome. Du moment qu'elle s'apperçut que l'Egypte s'élançait d'elle-même dans ſes filets, elle employa toute ſon adreſſe à mettre de ſon côté, l'apparence de la juſtice, afin de ne pas effaroucher les autres peuples qui devaient augmenter le nombre de ſes victimes. Nous avons vu qu'Alexandre II, par ſon teſtament, avait légué l'Egypte à la République. L'affaire fut miſe en délibération dans le Sénat; on n'y examina pas la grande queſtion du droit des gens, ſi un Monarque a droit de léguer ſes peuples, comme un homme parvenu, l'or qu'il a amaſſé par ſes rapines. On croyait alors, ou plutôt on feignait de croire, qu'un homme qui a une couronne, a la propriété de ſes états, ainſi qu'un père de famille, celle de l'héritage de ſes ancêtres. Ainſi, à cet égard, on ne débatit ſeulement pas la validité du teſtament.

Une autre queſtion, mais bien moins importante, ſe préſentait. Un Roi qui ne l'eſt plus, peut-il léguer à une puiſſance étrangère les peuples qui le dépoſent? Cette queſtion, dont l'énoncé ſeul emportait le jugement aux yeux de l'auſtère probité, aurait contrarié tout le ſyſtême Romain, ſur le droit des gens, & elle ne fut pas ſeulement diſcutée.

Les teſtamens qui donnaient de nouveaux Etats à Rome, juſqu'alors, n'avaient jamais été caſſés. Tout récemment Apion lui avait donné, par cette voie, la Libye & le Royaume de Cyrène, démembrés depuis quelque temps de l'héritage des Ptolemées. La Bithynie lui avait été accordée par les dernières diſpoſitions de Nicomède, & toutes ces contrées, en vertu de ces actes que le Sénat appellait ſacrés, avaient été réduites en provinces Romaines.

Conſéquemment à ces principes, il y eut pluſieurs avis dans le Sénat Romain, pour envahir l'Egypte, ſur la foi du teſtament d'Alexandre. Mais quelques politiques ſages, ſans attaquer les droits de Rome, firent ſentir que l'Orient tout entier, avait en ce moment les yeux fixés ſur la République; qu'il fallait ſe piquer de généroſité, ſur-tout dans un moment critique, où l'Asie se partageait entre elle & Mithridate. Ce dernier avis, qui donnait aux Romains tout le mérite de la grandeur d'ame, sans leur coûter de grands sacrifices, prévalut. Il fut décidé qu'on ferait venir de Tyr le trésor & les meubles qu'Alexandre y avait laissés en mourant; & sans s'expliquer sur l'Egypte, on permit au peuple d'Alexandrie de se choisir un Souverain. Il était évident que la République, par cette tournure ingénieuse, adoptait le testament, & qu'elle se réservait ses droits sur l'Egypte, en renonçant pour un temps à sa jouissance.

Ce temps où Rome laissa dormir ses droits prétendus, ne fut pas long : car le testament d'Alexandre tombant la seizième année du règne d'Aulète, il ne s'en est écoulé que trente-cinq entre cet évènement & la mort de Cléopâtre, qui fit de l'Egypte une province Romaine. Encore faut-il attribuer aux guerres civiles des deux Triumvirats qui l'occupèrent toute entière, s'il se passa une génération toute entière entre ces deux époques, & ſi les pères ayant délibéré ſur le teſtament d'Alexandre, il n'y eut que les fils qui osèrent en recueillir l'héritage.

RÉVOLUTIONS
DU TRONE,
SOUS LE FAIBLE GOUVERNEMENT D'AULÈTE.

LE batard de Lathyre, que l'Egypte mit ſur ſon trône, après l'aſſaſſinat de Bérénice & la dépoſition d'Alexandre, ſe faiſait appeller *Dyoniſius neos*, ou le nouveau Bacchus; non que ce Prince efféminé ſongeât à conquérir l'Inde, monté comme le demi Dieu, ſur un char attelé de panthères & de lions, mais parce qu'il dirigeait avec beaucoup d'art les proceſſions licentieuſes, ſi célèbres dans l'antiquité, ſous le nom de Bachanales. Celui d'*Aulète* ou de joueur de flute, lui fut donné, parce qu'il ſe piquait de jouer de cet inſtrument auſſi bien que le Muſicien le plus conſommé; & c'eſt ſous ce dernier nom que ce Ptolemée eſt connu dans l'hiſtoire.

Aulète, avant de se faire couronner à Alexandrie, eut le bon esprit d'enchaîner pour un temps, l'ambition de Rome, en recherchant solemnellement son alliance. Jules César commençait alors à subjuguer par son génie, sa République. Le batard de Lathyre, qui le savait à la fois chargé de dettes, & peu délicat sur les moyens de les anéantir, lui fit proposer d'acheter au prix qu'il jugerait à propos, le titre d'allié du peuple Romain, titre important, qui assurait ses droits au trône des Ptolemées. César, sous prétexte qu'il fallait acheter les suffrages des citoyens accrédités, & sur-tout celui de Pompée, demanda la somme extravagante de six mille talens, c'est-à-dire environ trente-deux millions cinq cents mille livres de notre monnaie, s'il ne s'agit que du talent Attique, & plus de quarante millions, si l'on calcule suivant l'évaluation du talent d'Alexandrie. Aulète, à qui le trésor de ses peuples ne coûtait rien, pourvu qu'il régnât, fit transporter près de cinq mille talens à Rome ; & à ce prix il put, le diadême en tête, préſider à ſes bachanales.

Quoique l'Egypte rapportât tous les ans à ſes Souverains le double de la ſomme envoyée à Céſar, cependant il avait fallu, ſoit pour ne pas laiſſer tout-à-fait vuide le tréſor public, ſoit pour ſatisfaire aux beſoins de luxe, qui, chez les Rois frivoles, quadruplent les beſoins ordinaires de repréſentation, charger les peuples d'impôts, & en abandonner la perception à d'avides traitans, qui multipliaient ſous mille formes différentes la tyrannie. Alexandrie qui avait ſouvent ſouffert ſans ſe plaindre, l'oppreſſion où la tenaient les Epiphane, les Philopator & les Phyſcon, parce qu'elle reſpectait en eux les deſcendans légitimes de la Maiſon royale de Ptolemée, eut honte d'avoir la même déférence pour le batard d'un Lathyre ; & elle fit éclater ſon mécontentement avec aſſez de vigueur, pour que le Prince, malgré la faveur de Céſar, craignît de perdre ſa couronne.

L'orage

L'orage cependant ne commençait qu'à gronder autour du Trône. Mais le démembrement de l'Isle de Chypre du domaine de la couronne, le fit éclater avec violence. Il faut nous arrêter un moment sur cet évènement singulier, qui acheve de démasquer l'ambition Romaine, avide d'entasser toutes les couronnes du globe, soit par ses armes, soit par son machiavélisme.

Aulete avait un frère, batard comme lui, de Lathyre, à qui on avait donné l'Isle de Chypre pour appanage. Ce Prince n'ayant d'autre passion que la soif de l'or, l'accumulait sans cesse dans les souterrains de son palais, comme l'ancien Midas de la Phrygie. On aurait dit qu'il cherchait moins à gouverner ses états, qu'à les racheter un jour des mains avides d'un Conquérant : mais son avarice lui fut aussi fatale, qu'au Roi d'Egypte sa prodigalité.

Clodius, ce factieux que les harangues de Cicéron ont rendu encore plus célèbre que ſes crimes, commandait alors une petite flotte Romaine qui croiſait le long des côtes de la Cilicie ; il fut battu & fait priſonnier par les mêmes Pirates, dont il était chargé de réprimer les brigandages. Dans ſa perplexité, il fit prier le Souverain de l'Iſle de Chypre, de lui envoyer aſſez d'argent pour payer ſa rançon : celui-ci, toujours obſédé par ſon avarice ſordide, ne prêta que deux talens. Alors les Pirates ſe piquèrent de généroſité, & pour ſe faire un mérite auprès de Rome, ils renvoyèrent leur priſonnier ſans rançon.

Clodius, à ſon retour dans ſa patrie, ſongea à ſe venger. A peine fut-il entré dans le Tribunat, qu'il reſſuſcita le teſtament d'Alexandre, qui léguait l'Egypte, avec le Royaume de Chypre, aux Romains. Le malheureux Ptolemée n'avait acheté le ſuffrage d'aucun des Chefs de la République ; perſonne ne fit valoir ſes droits, & il fut condamné unanimement. Le décret rendu d'après la réclamation de Clodius, portait que l'Iſle de Chypre ſerait faisie en vertu de la donation d'Alexandre; que Ptolemée serait déposé, & que tous ses biens seraient confisqués au profit de la République. L'adroit Tribun eut l'adresse de faire nommer, pour exécuter cet arrêt inique, l'homme le plus vertueux de Rome, le fameux Caton d'Utique: son but était de l'exiler d'une manière honorable, pour l'empêcher de surveiller son ambition, & peut-être de lui faire perdre la considération publique, en élevant des nuages sur sa vertu.

Il paraît que Caton, plus citoyen de Rome que de l'univers, crut que pour l'intérêt de la patrie, on pouvait violer la morale sacrée du genre humain; car il se chargea de dépouiller le frère d'Aulète, de la couronne de Chypre (*a*).

(*a*) Ciceron, meilleur Philosophe dans la théorie que Caton, ne dissimulait pas que Rome se couvrait de honte, en épousant, contre le Roi de Chypre, le ressentiment de Clodius. Voici ce qu'il en dit dans sa harangue pour Sextius. « Il fut » un temps où le peuple Romain se faisait non-

Arrivé à Rhodes, il fit dire au Prince, que s'il voulait fléchir ſous le joug que Rome lui impoſait, & abdiquer le pouvoir abſolu, il lui procurerait à Paphos le grand ſacerdoce de Vénus. Ptolemée ne crut pas que l'autel pût l'indemniſer du trône, & il refuſa : réfléchiſſant enſuite que ſans troupes & ſans alliés, il était hors d'état de ſe défendre contre les vainqueurs de l'Orient, il réſolut de tromper la cupidité Romaine, en ſe précipi-

---

» ſeulement un honneur, mais même un devoir de
» rétablir ſur leur trône les Rois qu'il avait vaincus.
» Aujourd'hui un Souverain toujours allié, ou du
» moins toujours ami de la République, de qui ni
» le Sénat, ni aucuns de nos Généraux n'avait
» à ſe plaindre, qui jouiſſait avec ſécurité des états
» que ſes ancêtres lui avaient laiſſés en héritage ;
» eſt dépouillé tout-à-coup de ſa propriété, voit
» ſa nation ſubir un autre joug, & ſes biens vendus
» à l'encan. Exemple terrible pour les Rois, qui
» apprendront, par les malheurs de Ptolemée,
» qu'il ne faut que la harangue ſéditieuſe d'un
» Tribun, pour les dépouiller de leur fortune &
» leur ravir la couronne! »

tant dans la mer avec toutes ses richesses. Mais quand il se vit en pleine mer, il n'eut pas le courage de faire entr'ouvrir le navire qui le portait; il revint à bord, fit rentrer son or dans les souterrains de son palais, & ensuite s'empoisonna. Caton apporta à Rome, des dépouilles de ce Prince, sept mille talens (près de trente-huit millions), qu'il remit dans le trésor public : il fit vendre à l'encan tous les meubles précieux de son palais, & ne se réserva que le portrait de Zénon, le Fondateur du Stoïcisme.

L'Egypte ne vit point avec indifférence la couronne de Chypre passer aux Romains, en vertu du testament d'un Roi qu'elle avait déposé. Elle pressa Aulète de s'armer pour la querelle de tous les Souverains : mais le faible Monarque, qui avait acheté trente-deux millions le droit de jouer de la flûte, la couronne en tête, était loin de compromettre son repos, pour soutenir l'honneur de sa nation. Alexandrie, indignée, se souleva.

Les plus fougueux des patriotes allèrent investir le palais ; & ce ne fut que par la fuite la plus prompte, que le lâche ami des Romains put se dérober, si-non au supplice, du moins à une prison perpétuelle. Il cacha si bien la route qu'il avait prise en sortant de sa capitale, que ses sujets le crurent mort, ou plutôt feignirent de le croire. Alors ils nommèrent pour lui succéder Bérénice II, l'aînée de ses enfans. La Princesse, qui avait besoin d'appui, envoya à l'instant proposer à Antiochus l'Asiatique, de partager son trône & son lit. Ce Séleucide y avait quelques droits, étant, par Sélène, sa mère, l'héritier mâle le plus proche de la Maison des Ptolemées : malheureusement quand l'ambassade arriva à Antioche, il venait de mourir. On s'adressa alors à Cybiosacte, son frère, qui se rendit aux vœux de l'Egypte & de sa Souveraine. Ce Cybiosacte était un Prince d'une avarice aussi sordide, que le Roi de Chypre dépossédé par Caton. A peine couronné dans sa capitale, il fit mettre le corps d'Alexandre le Grand dans un cercueil de verre, pour se saisir du tombeau d'or massif où la cendre du Héros reposait depuis le premier des Ptolemées. Ce trait & une foule d'autres qui annonçaient son ame dégradée, lui attirèrent le mépris général, & le premier mois de son règne il fut étranglé par l'ordre de Bérénice. En lui s'éteignit la Maison royale des Séleucides. Sa veuve, peu de temps après, épousa Archelaüs, Grand Prêtre de Comane dans le Pont, qui se disait fils du fameux Mithridate.

Au milieu de toutes ces révolutions du trône, Aulète ne s'endormait pas. Ce Prince, proscrit & fugitif, alla trouver à Rhodes Caton d'Utique, pour le sonder sur les secours qu'il pouvait attendre de sa République. Plutarque nous a conservé tous les détails de cette entrevue. Le Romain traita le Ptolemée avec cette fierté naturelle au représentant d'un peuple qui fait les Rois & les dépose. Aulète l'ayant fait prévenir de son arrivée dans la ville, celui-ci répondit à l'Envoyé, que si son maître avait besoin de lui, il pouvait venir le trouver. Aulète obéit. Caton, à sa vue, ne daigna pas se lever; il se contenta de le saluer froidement, & de lui dire de s'asseoir. Ptolemée, qui vit dans le Républicain l'homme le plus modestement vêtu, ne concevait pas comment on pouvait allier tant de hauteur avec tant de simplicité; il ignorait que c'était-là la grandeur Romaine. Quand l'entretien fut ouvert, la surprise d'Aulète augmenta encore. Caton lui dit avec franchise, qu'il était un insensé de quitter le plus beau Royaume de l'Orient, pour venir mandier à Rome des secours avilissans & des mépris. Il ajouta que s'il comptait sur son or pour acheter des suffrages, il fallait donc qu'il eût en réserve tout celui qu'Alexandre avait amassé dans le cours de ses conquêtes, parce que la vente de l'Egypte entière ne suffirait pas pour assouvir la cupidité de ceux qui voudraient lui en vendre la couronne.

Aulète avoua ſes torts; mais incapable de prendre un parti généreux, il les redoubla en ſe rendant à Rome.

Céſar, ſur qui le Ptolemée fondait ſes plus grandes eſpérances, n'était point en Italie à cette époque : il ſe préparait alors, par la conquête des Gaules, des droits à celle de ſon pays. Ce fut Pompée qui le logea, & qui lui tint lieu de père : c'eſt auſſi par ſon crédit que le Conſul Lentulus eut ordre, lorſque l'année de ſa magiſtrature ſerait expirée, de rendre à Aulète ſa Monarchie.

L'Egypte, dans l'intervalle, ſe mit en mouvement pour empêcher que le Roi, qu'elle avait dépoſé, ne vînt de nouveau dèshonorer ſon trône. Elle envoya à Rome une ambaſſade ſolemnelle, compoſée de cent des Citoyens les plus diſtingués d'Alexandrie, à la tête deſquels était le Philoſophe Dion. Aulète le ſut, & para le coup avec la ſcélérateſſe d'un Catilina. Il paya au poids de l'or des Satellites, qui firent périr, par le fer ou par le poiſon, ceux des Ambaſſadeurs qui mettaient le plus d'activité dans leur négociation : quant aux autres, qu'il ne put ni corrompre, ni faire aſſaſſiner, intimidés par l'impunité du crime de Ptolemée, ils n'osèrent demander contre lui, une juſtice qu'ils croyaient impoſſible d'obtenir.

Cependant, malgré les manœuvres de la faction de Pompée, le myſtère des violences d'Aulète ſe dévoila. Sur l'avis du Philoſophe Favonius, Dion eut ordre du Sénat d'y venir rendre compte du ſujet de ſon ambaſſade. Le Ptolemée ſe rend chez l'Egyptien, étale des monceaux d'or à ſes yeux, & achète à ce prix ſon ſilence. Dion ne comparut point. Quelques jours après, on fit entendre au Roi dépoſé, que l'Ambaſſadeur inacceſſible juſqu'alors à la ſéduction, ne tarderait pas à ſe repentir d'avoir trahi ſes concitoyens; & le ſcélérat, pour prévenir ſes remords, le fit aſſaſſiner. Rome ſçut ce nouvel attentat, & ſe tut encore. Dans ces temps de troubles & de factions, il n'y avait plus de vertu que dans le cœur de quelques citoyens proscrits, & dans les écrits des Philosophes.

Sur ces entrefaites, l'or qu'Aulète avait apporté à Rome s'épuisa. Ses protecteurs mirent moins de zèle à le servir, & il fut obligé d'aller chercher un asyle dans le temple de Diane, à Ephèse.

Les ennemis du Ptolemée, enhardis par son absence, fabriquèrent un Oracle de la Sibylle, qui défendait aux Romains de donner des troupes à tout Roi d'Egypte qui rechercherait leur alliance; & ce qui doit bien étonner dans un siècle où l'on possédait les Œuvres Philosophiques de Cicéron & le Poëme de Lucrèce, sur la simple autorité de cet Oracle, il fut défendu à Lentulus d'exécuter le décret de rétablissement d'Aulète.

Aulète désespéré, mais comptant trop sur la cupidité Romaine pour perdre courage, alla trouver Gabinius, Proconsul de Syrie, & lui promit dix mille talens (plus de cinquante-quatre millions), s'il voulait lui rendre sa couronne. Gabinius ne tint pas à une telle séduction ; & quoiqu'il fût défendu expressément à tout Proconsul de sortir de sa Province, enhardi par une lettre de Pompée, qui lui recommandait les intérêts du Ptolemée, il marcha avec Marc-Antoine, le Général de sa cavalerie, qui fut depuis le fameux Triumvir, à la conquête de l'Egypte.

Les Romains commencèrent leur expédition par la prise de Peluse, la clef de la Monarchie. Le féroce Aulète voulait en faire passer tous les habitans au fil de l'épée : mais Marc-Antoine, qui commandait des guerriers, & non des bourreaux, s'opposa à cette barbarie. Les Conquérans pénétrèrent ensuite dans le centre de l'Egypte. On était alors dans l'hiver, temps où les eaux du Nil se trouvant très-basses, n'arrêtent point la marche rapide des armées. Archelaüs, l'époux de Bérénice, vint en personne défendre le trône où on l'avait fait monter, & justifier, à force de bravoure, le choix des peuples. Malheureusement l'étoile de Rome triompha de la cauſe la plus juſte. Archelaüs fut vaincu, & tué ſur le champ de bataille.

Alexandrie auſſi-tôt ouvrit ſes portes à l'armée de Gabinius, qui rétablit Aulète ſur le trône, qu'il avait eu la baſſeſſe d'acheter. Le tyran ſe fit donner par ſon protecteur, une cohorte de gardes Romaines; & graces à la terreur qu'ils inſpiraient, il recommença impunément le cours de ſes crimes & de ſes brigandages. Bérénice, ſa fille, fut ſa première victime. Outré de ce qu'elle n'avait pas refuſé ſa couronne, il la fit mettre à mort; le reſte des patriotes ſubit enſuite la même deſtinée; & on mit ſur-tout les noms des citoyens riches dans le tableau de la proſcription; afin que la confiſcation de leurs biens pût ſervir à acquitter les cinquante-quatre millions promis à Gabinius.

Les Egyptiens doublement dégradés par le luxe & par le deſpotiſme, ſe laiſsèrent égorger preſque ſans murmurer. Le fanatiſme ſeul leur donna du reſſort un moment; & c'eſt un trait à remarquer dans l'hiſtoire de l'eſprit humain. Un ſoldat Romain, ayant tué par haſard un chat conſacré, le peuple ſe ſouleva, & malgré Gabinius & le Ptolemée, il le mit en pièces. Tant que le tyran n'avait fait qu'aſſaſſiner ſa fille, proſcrire ſes ſujets & livrer ſes états à l'ennemi de la patrie, ce peuple s'était tu; mais un Dieu fabriqué par les Prêtres, parut inſulté, & la vengeance publique fut ſur le point d'amener une révolution.

Aulète, malgré l'indignation concentrée de l'Egypte, & le mépris de Rome qui le protégeait, mourut dans ſon lit, environ quatre ans après avoir recouvré ſa couronne. Des vingt-neuf ans de règne que lui donne le canon de Ptolemée, il paraît qu'il en paſſa vingt-deux à dormir ſur ſon trône, plus occupé de ſa muſique, de ſes bachanales, & de ſon ſerrail, que du ſoin de gouverner. Chaſſé d'Alexandrie, il fut trois ans fugitif, tantôt à Rome, tantôt à Ephèſe; & enfin il vint ramener en Egypte les jours déſaſtreux des Philopator & des Phyſcon, juſqu'à ſa mort qui arriva l'an 1530 de l'ère de Paros, ou la première de la cent quatre-vingt deuxième olympiade.

NOUVEAUX TROUBLES DE L'EGYPTE,

PENDANT LA MINORITÉ DE CLÉOPATRE.

ASASSINAT DE POMPÉE *DANS ALEXANDRIE.*

AULÈTE laiſſait deux fils & deux filles; mais ſon teſtament régla la ſucceſſion. Il voulut que l'aîné de chaque ſexe partageât la couronne, à condition cependant, que le frère & la ſœur s'épouſeraient, ſuivant l'uſage inceſtueux des Ptolemées. Ce teſtament fut reſpecté, parce qu'on en confia la garantie aux Romains : on fit quelques jours après les obſeques d'Aulète. Denys épouſa ſolemnellement la trop célèbre Cléopâtre, & ſe fit couronner avec elle dans Alexandrie.

Le nouveau Roi avait à peine treize ans, & la Reine dix-ſept. On établit pendant la minorité, un Conseil de Régence, dont les chefs furent l'Eunuque Phothin, le Gouverneur du jeune Ptolemée, le Rhéteur Théodote, l'instituteur de ses études, & Achillas, le Général de ses armées. L'instituteur, peu courtisan, fut bientôt le Lépidus de cette espèce de triumvirat, & le gouvernement roula tout entier sur le Général & sur l'Eunuque.

Cléopâtre, dont le génie avait été aussi prématuré que les graces, voulut conduire le Conseil de Régence; & comme elle n'opposait que son titre de Reine, & l'amour de la nation, au manège de deux Ministres consommés dans la politique des Cours, elle fut sur le point de se perdre. Pothin & Achillas, commencèrent à semer la discorde entre les deux époux; ensuite, à l'abri du nom du Roi, ils arrachèrent si bien à la Princesse le timon des affaires, qu'elle fut contrainte de se retirer en Syrie, pour y lever des troupes, & commencer une guerre civile.

L'Egypte partagée entre Cléopâtre & le Miniſtère, allait être inondée de ſang, lorſque les malheurs de Pompée, défait à la bataille de Pharſale, amenèrent à Alexandrie les vaincus & les vainqueurs. Alors il ne fut plus permis à Cléopâtre & à ſes ennemis, de vuider leurs querelles à la pointe de l'épée. Rome ſe fit elle-même l'arbitre de cette grande cauſe; elle ſappa par-là les fondemens du trône; mais du moins le ſang des peuples fut épargné.

Quand Pompée parut en Egypte, ſes deux Souverains avaient chacun leur armée campée entre Peluſe & le Mont Caſios. Ce fut à Denys que le Romain demanda un aſyle. Les deux Miniſtres Pothin & Achillas, tinrent conſeil avec le Rhéteur Théodote, pour ſavoir s'il était de l'intérêt du trône d'être généreux. Le Rhéteur qui n'avait que la prudence de la lâcheté, voyant Céſar vainqueur, & redoutant ſon courroux, détermina, à force de ſophiſmes, ſes deux collègues, à ne recevoir le Général fugitif & ſuppliant que pour l'égorger. C'était là le droit des gens des Cannibales de l'ancienne Tauride.

Achillas & Septimius, Officier Romain, au ſervice des Ptolemées, ſe chargèrent d'exécuter la ſentence infâme du Conſeil de guerre. Ils allèrent prendre Pompée dans une chaloupe, ſous prétexte que les grands navires ne pouvaient approcher de la côte ſans dangers. L'armée Egyptienne était rangée ſur le rivage, ayant ſon Souverain à ſa tête, comme pour inſulter le ciel & la terre, en donnant la plus grande ſolemnité au plus lâche des aſſaſſinats. Le perfide Septimius, arrivé proche du vaiſſeau Romain, tend la main à Pompée, & l'invite à venir trouver un jeune Roi, que tout Général de Rome devait regarder comme ſon pupille. L'infortuné était alors penché ſur Cornelie, ſon épouſe, qui, l'œil humide des larmes qu'elle cherchait à retenir, le cœur ſerré, & le ſein palpitant, ſemblait preſſentir la funeste catastrophe ; il se dégage tout-à-coup de ses embrassemens : *mon amie*, lui dit-il, en appliquant à sa situation un vers de Sophocle, *j'entre libre à la Cour d'un tyran, & j'en sortirai esclave.* Ensuite il entre dans la chaloupe avec deux Capitaines de sa suite, un affranchi & un esclave.

Dans le trajet, Pompée ému malgré lui des pressentimens de Cornelie, chercha à deviner Septimius. Quand il l'eut quelque temps examiné, il le reconnut, & lui demanda s'ils n'avaient pas, dans des temps plus heureux, fait la guerre ensemble ? Le Romain répondit par un signe de tête, & refusa de nouer un entretien. Alors le héros se mit à revoir une harangue grecque qu'il avait préparée, pour intéresser le jeune Ptolemée à ses malheurs. On ne lui laissa pas le temps de la prononcer. Au moment où il prenait la main de son affranchi, pour sortir de la chaloupe, Septimius lui donna par derrière un coup d'épée, qui le perça presque de part en part. A ce signal, Achillas & d'autres Egyptiens, se levèrent, fondirent sur Pompée le poignard à la main, & achevèrent de lui ôter la vie. L'infortuné, prêt à exhaler le dernier soupir, rassembla ses forces, pour se couvrir le visage avec un pan de sa toge, comme s'il avait voulu se dérober à lui-même l'horreur d'un pareil assassinat, & il tomba, sans regretter la vie, & sans maudire ses assassins.

Cornelie avait vu le massacre de son époux; il partit à l'instant de son vaisseau des cris affreux, qui firent retentir le rivage. Les Egyptiens qui ne savaient point commettre un crime à demi, appareillèrent aussi-tôt, afin d'atteindre le vaisseau Romain, & de joindre la fille de Pompée & sa veuve à leurs victimes. Heureusement il s'éleva tout-à-coup un vent frais, qui permit à Cornelie de mettre à la voile, & de se dérober à la poursuite de ces scélérats. Ceux-ci, voyant que leur proie leur était échappée, retournèrent vers la côte, dépouillèrent le héros qu'ils avaient assassiné, lui coupèrent la tête, & jettèrent, avec dédain, son cadavre sanglant sur le rivage.

L'affranchi de Pompée ne souffrit cependant que le corps de cet homme illustre fût la proie des vautours ; il rassembla les débris épars de quelques barques qui avaient fait naufrage, &, de concert avec un vieux soldat qui avait servi autrefois sous ce grand Capitaine, il en forma un bucher. Le vainqueur de l'Orient, qui avait disputé à César la Monarchie du tiers du globe, n'eut pas d'autres funérailles.

ENTRÉE DE CÉSAR EN EGYPTE,

ET GUERRE D'ALEXANDRIE.

CÉSAR, pour ne pas recueillir des lauriers ſtériles à Pharſale, avait pourſuivi Pompée en Egypte. A peine parut-il dans Alexandrie, que Septimius lui préſenta la tête du héros qu'il avait égorgé. Céſar qui ſe connaiſſait aſſez en gloire, pour croire qu'elle ne s'achete pas par des aſſaſſinats, fut ſaiſi d'horreur à la vue de ces reſtes ſanglans d'un rival qu'il pouvait combattre, mais non ceſſer d'admirer ; & il lui fit ériger un tombeau près de Péluſe. Il ne manquait à la grandeur d'ame de Céſar, pour n'être point ſuſpecte aux yeux de la poſtérité, que le ſupplice de Septimius.

Cependant le héros qui comptait ſur la terreur qu'inſpirait à l'Afrique la journée de Pharſale, n'avait amené avec lui que trois mille deux cents hommes de pied, & environ huit cents chevaux. Il fut ſur le point de payer cher cette témérité. Les citoyens d'Alexandrie qui le virent entrer en triomphe dans leur ville, précédé de ſes licteurs, qui portaient devant lui la hache & les faiſceaux, perſuadés qu'il voulait rabaiſſer la dignité royale, inſultèrent les ſoldats Romains, en tuèrent quelques-uns, & en déſarmèrent d'autres, qui ſe ſauvèrent en tumulte ſur leurs vaiſſeaux. Céſar qui ſavait plier quand la politique l'exigeait, calma la ſédition, en affectant les manières les plus populaires : il donna des fêtes ſuperbes à la multitude, parcourut ſans gardes les monumens érigés par les Ptolemées, & aſſiſta ſans le faſte de la repréſentation, aux ſéances du Muſée, & aux conférences des Philoſophes.

Quand il crut ſon autorité bien affermie, il ſongea à pacifier l'Egypte, en jugeant la grande querelle entre Denys & Cléopâtre. D'abord, en qualité de Conſul, & par conſéquent de repréſentant de Rome, garante du teſtament d'Aulète, il ordonna aux deux partis de mettre bas les armes. Enſuite il cita à ſon tribunal les deux Souverains. La cauſe fut en effet plaidée par les plus célèbres Orateurs d'Alexandrie. Mais ſi ce fut la politique qui préſida à l'inſtruction du procès, ce fut l'amour qui dicta la Sentence.

Cléopâtre, une des beautés les plus accomplies de l'Orient, encore dans la fleur de l'adoleſcence, alliant à toutes les graces qui peuvent inſpirer les deſirs, cette ſenſibilité qui promet de les ſatisfaire; Cléopâtre, dis-je, connaiſſait trop bien, par la renommée, ce Céſar qu'on appellait à Rome le mari de toutes les femmes, & la femme de tous les maris, pour ne pas tenter de le ſéduire. La difficulté était de parvenir juſqu'à lui, car les ports de l'Egypte, par les intrigues de Denys, étaient fermés à ſa flotte. La coquetterie ingénieuſe de la Princeſſe, ſurmonta tous les obſtacles. Elle s'embarqua ſur une chaloupe avec Apollodore, le ſeul confident de ſon ſtratagême, & arriva de nuit aux pieds de la citadelle d'Alexandrie; là il fallait tromper la garde Egyptienne, qui etait à la ſolde du Roi; mais tout était prévu. Apollodore, déguiſé en eſclave, enveloppa avec art la Princeſſe dans un ballot, la chargea ſur ſes épaules, & alla dépoſer ſon fardeau dans l'appartement de Céſar.

Cléopâtre qui avoit étudié long-temps le rôle qu'elle devait jouer auprès du juge qu'elle cherchait à corrompre, auſſi-tôt qu'elle apperçoit le héros de Rome, ſe jette à ſes genoux, ſes beaux cheveux épars & tombant ſur ſon ſein palpitant, qu'ils ne voilent qu'autant qu'il le faut pour irriter les deſirs. A peine Céſar l'a-t-il relevée, que, fondant en larmes, & la voix entrecoupée de ſanglots, elle demande au vainqueur de Pharſale juſtice contre le Roi, ſon époux, qui, après l'avoir chaſſée du trône, a oſé attenter à ſa vie. A meſure qu'elle lit dans les regards du Romain, que ſon cœur s'ébranle, ſon manège prend une nouvelle forme; ſa voix s'anime par degrés, ſes yeux étincellent du feu de l'amour, & elle déploye aſſez de graces pour vivifier une ſtatue. Céſar, quoiqu'âgé alors de cinquante deux ans, ne tint point contre une pareille ſéduction; l'envie de jouir d'une femme qui parlait d'une manière ſi victorieuſe à ſon ame & à ſes ſens, lui fit trouver ſa cauſe juſte. Il retint la nuit Cléopâtre dans ſon appartement, ſous prétexte de s'inſtruire plus à fond de ſes moyens de défenſe; ne s'inſtruiſit point, comme on peut s'en douter, & tombant dans les bras de la Reine, la rendit mère de Céſarion.

Le lendemain, dès la pointe du jour, le Roi d'Egypte fut mandé à la citadelle, & Céſar lui parla comme Amant de Cléopâtre, plutôt que comme ſon Juge. Le Prince ſoupçonna à l'inſtant toute l'intrigue; & ſortant avec fureur, il arracha, devant la multitude attroupée, son diadême de dessus sa tête, le mit en pièces, & s'écria qu'il était trahi : l'Eunuque Pothin, chef du Conseil, & l'artisan primitif de la discorde entre les deux époux, acheva, par ses discours factieux, d'échauffer les esprits dans Alexandrie ; il publia que les Romains ayant exigé, avec la dureté d'un traitant, le reste des six mille talens avec lesquels le faible Aulète avait racheté sa couronne, le Roi, après avoir épuisé le trésor public, s'était vu contraint à engager la vaisselle des Ptolemées, & à manger sur le bois & sur l'argile. Le peuple, déjà ému par le tableau de la douleur de son Souverain, & du scandale des amours de Cléopâtre, courut aux armes, & investit la citadelle.

César, au milieu de l'orage, sçut conserver sa tête. Il envoya une cohorte de ses Légionnaires s'assurer de la personne de Denys ; & se présentant ensuite devant la multitude, du haut de la terrasse du palais, il réussit à calmer ses murmures, en l'aſſurant qu'elle feroit ſatisfaite du jugement que Rome, par ſa bouche, allait prononcer dans la querelle des Rois d'Egypte. En effet, dès le lendemain, ayant amené Denys & Cléopâtre dans une aſſemblée du peuple, qu'il avait convoquée, il fit lecture du teſtament d'Aulète, & décida qu'en vertu de cet acte ſacré, les deux Princes occuperaient le trône enſemble. Il ajouta que le jeune Ptolemée, leur frere, & Arſinoë, leur ſœur, auraient le royaume de Chypre pour appanage. Ce dernier article était bien fait pour flatter les Egyptiens; car, depuis long-temps, l'iſle de Chypre avait été miſe, par le peuple Romain, au rang de ſes conquêtes.

Alexandrie entière applaudit à ce jugement, excepté l'ancien Miniſtère, dont la paix allait éclairer les manœuvres & les crimes. On ſema adroitement le bruit que Céſar ne faiſait tant de ſacrifices que pour avoir le temps d'amener ſes légions en Egypte, & renverſer, par leur ſecours, le trône des Ptolemées. Le peuple, qui ſe défiait déjà du vainqueur de Pompée, crut un pareil attentat digne de la politique Romaine, & s'ameuta de nouveau. Alors Pothin fit venir Achillas de Peluſe, avec les vingt mille hommes qu'il commandait, pour aſſiéger Céſar dans Alexandrie. Celui-ci, peu inquiet du péril, parce qu'il avoit des Romains à ſes ordres, & qu'il était Céſar, fit fortifier le quartier qu'il occupait, & brava, avec un petit nombre de cohortes, l'armée Egyptienne, avec ſes chars, ſes éléphans & ſes Catapultes.

Achillas voyant que les Romains ne pouvaient être forcés dans leur poſte, changea ſon plan militaire : il marcha du côté du port, dans le deſſein de ſurprendre la flotte ennemie, & de lui couper toute communication avec la mer ; ce qui lui aurait donné la facilité d'intercepter les convois : mais Céſar rendit cette opération inutile, en mettant lui-même le feu à une partie de ſes vaiſſeaux, & en s'emparant de la tour de Pharos, où il mit garniſon.

Malheureuſement il s'éleva, pendant

l'incendie de la flotte Romaine, un vent impétueux qui porta des tourbillons de flammes jusques dans le quartier du Bruchion. Plusieurs édifices publics furent consumés; entr'autres, cette fameuse bibliothèque des Ptolemées, qu'on pouvait regarder comme le dépôt des connaissances humaines. César, qui connaissait le prix du génie, eut le courage de pleurer sur sa fatale victoire.

Cependant, Denys & Pothin, son Ministre, étaient toujours sous le pouvoir des Romains, & leur servaient d'ôtages. Comme Alexandrie était toujours sous les armes, & demandait à grands cris son Souverain, César le fit monter sur une galerie du palais, & l'engagea à haranguer la multitude. La harangue, soit à cause de la terreur que César inspirait, soit à cause du caractère de l'orateur, porta une double empreinte de lâcheté. Le Prince dit à ses sujets qu'il était traité en Roi par le Consul qui le tenait prisonnier, & il les exhorta à mettre bas les armes, pour accepter la paix des Romains, qui les tenaient assiégés dans leurs propres murailles. Mais le peuple, qui jugea au ton faible avec lequel ce discours fut prononcé, que le Roi n'était pas le maître de dévoiler ses vrais sentimens, n'y eut aucun égard, & la guerre reçommença avec plus de violence que jamais.

César voyant que les esprits qu'il cherchait à ramener, s'aliénaient de plus en plus, soupçonna que des traîtres attisaient le feu de la discorde. Il observa sur-tout le premier Ministre Pothin : on intercepta des lettres que cet Eunuque écrivait à Achillas, & on n'eut pas de peine à se convaincre de leur intelligence. Les Romains lui firent alors son procès, & toute la protection dont l'honorait le jeune Roi, n'empêcha pas qu'il ne fût mis à mort.

Il manquait une autre victime à César : c'étoit Achillas. Un hasard singulier l'en délivra, sans que l'odieux de sa mort pût retomber sur lui. La jeune Arsinoë, sœur de Cléopâtre, & destinée au trône de

Chypre, était, comme le reste de la Famille Royale, entre les mains des Romains. L'Eunuque Ganymède, son instituteur, craignant pour elle, & encore plus pour lui, l'enleva, & la conduisit secrètement dans le camp d'Achillas. Les Egyptiens, enchantés d'avoir à leur tête une Princesse du sang des Ptolemées, reçurent Arsinoë avec transport, & la proclamèrent Reine à la place de Cléopâtre. L'adroit Ganymède profita alors du délire de la joie publique, pour supplanter Achillas. Il fit accuser ce Général d'avoir livré aux Romains les vaisseaux dont ils s'étaient emparés. La nouvelle Reine, qui ne voyait que par les yeux de son Eunuque, songea peu à approfondir cette calomnie absurde. Achillas fut arrêté, par son ordre, au milieu de l'armée qu'il commandait, & envoyé au supplice.

Malheureusement pour la terre, la scélératesse n'est pas incompatible avec le génie. L'Eunuque, devenu Général par une espèce d'assassinat, déploya, dans ses actions militaires, une activité & une intelligence qui effrayèrent le vainqueur de Pompée. Il commença par rassembler tous les navires dispersés sur les canaux du Nil, & vers son embouchure, & en forma une flotte formidable, avec laquelle il se rendit maître de la mer. Ensuite il imagina un stratagême perfide pour faire capituler les Romains renfermés dans Alexandrie.

Nous avons vu, dans la description de la Métropole de l'Egypte, que cette ville n'avait d'eau douce que par le moyen de ses citernes, où l'on introduisait l'eau du Nil, à l'époque de son débordement. Ganymède fit fermer toutes les communications du quartier de César, avec le reste d'Alexandrie. Ayant ainsi pourvu à la sûreté des Patriotes, il fit entrer l'eau de la mer dans les citernes Romaines, ce qui corrompit en quelques heures toute l'eau douce qui s'y trouvait déposée. Les soldats de César murmurèrent : mais le Général Romain, dont le génie était inépuisable en ressources, fit creuser des puits à quelque diſtance des citernes, & trouva des ſources pour abreuver ſa légion.

Peu de temps après, le Pro-Conſul de l'Aſie mineure amena un renfort aux Romains renfermés dans Alexandrie. Il y eut à cette occaſion, deux batailles, où Céſar eut l'avantage.

La priſe de l'Heptaſtade, qui ſuivit de près ces victoires, fut ſur le point d'être fatale au Héros de Rome. Comme il pourſuivait les Egyptiens avec plus d'activité que de circonſpection, Ganymède rallia en pleine mer ſa flotte fugitive, fondit ſur les Romains diſperſés, & en tua plus de huit cents. Le vaiſſeau de Céſar, ſurchargé par la multitude de ſoldats qui y cherchèrent un aſyle, s'entrouvrit, & le Héros fut contraint de ſe jetter dans la mer, & de gagner à la nage la rive de l'Heptaſtade. Sa préſence d'eſprit, dans une circonſtance auſſi critique, ſe trouva de niveau avec la grandeur du danger; il portait ſur lui des papiers de la plus grande importance pour Rome, qu'il était de ſon intérêt perſonnel de conſerver ; il les tint toujours hors de l'eau de la main gauche, tandis que de la main droite il nageait ſans relâche ; & comme il s'apperçut que ſon manteau de pourpre, qui flottait ſur les vagues, ſervait à diriger les traits de l'ennemi, il l'abandonna au courant, pour tromper les archers de Ganymède ; tandis que lui-même, preſque caché ſous les flots, arriva à bord avec ſes papiers, ſans avoir reçu aucune bleſſure.

Les habitans d'Alexandrie qui virent que les déſaſtres même de Céſar contribuaient à ſa gloire, feignirent de demander la paix. L'unique condition qu'ils mirent au traité, fut qu'on leur rendît leur Souverain ; & à ce prix ils s'engagèrent à mettre bas les armes. Le Romain connaiſſait trop bien les eſclaves d'un deſpote, pour être la dupe d'un pareil ſtratagême ; mais voulant rejetter tout l'odieux de la guerre ſur les ennemis, & ſentant combien peu la préſence d'un

Roi ſtatue augmenterait leurs forces, il accéda au traité. L'époux de Cléopâtre joua de ſon côté ſon rôle, avec une diſſimulation digne d'un Monarque élevé par un Eunuque. Il verſa un torrent de larmes, & pria Céſar de ne point le bannir ainſi de ſa préſence; déclarant que le bonheur de l'admirer de près, était pour lui au-deſſus du plaiſir de régner. Le fourbe ſortit enfin, & le premier acte de paix qu'il fit, fut de ranger ſon armée en bataille.

Sur ces entrefaites, Mithridate de Pergame, marchait à grands pas au ſecours de Céſar; il prit Péluſe d'aſſaut, vainquit Ganymède en bataille rangée, & réuniſſant ſes forces à celles du héros de Rome, il procura à ce dernier un nouveau triomphe, qui amena la fin de la guerre d'Alexandrie. Vingt mille hommes, s'il faut en croire Oroſe, périrent du côté des Egyptiens, dans cette ſeconde journée, & on en prit douze mille avec ſoixante-dix vaiſſeaux de guerre. Le jeune Roi, qui avait été présent à la dernière action, survécut peu à sa déroute & à sa perfidie : ayant voulu se dérober au vainqueur en traversant le Nil, la chaloupe où il s'était jetté, battue par celles qui fuyaient en désordre, s'entrouvrit, & il se noya avec Ganymède.

Alexandrie, sans Souverain, céda enfin à sa malheureuse destinée. Elle ouvrit ses portes à César, & le Héros y entra en triomphe l'an 277 de l'ère des Ptolemées, qui concourt avec la seconde année de la cent quatre-vingt-troisième olympiade.

RÈGNE DE CLÉOPATRE.

SES AMOURS *AVEC MARC-ANTOINE.*

IL ne tenait qu'à César de faire passer l'Egypte sous la domination Romaine ; mais l'amour enchaîna sa politique. Il remit le sceptre à Cléopâtre ; & comme Alexandrie, qui avait toujours supporté impatiemment le joug d'une femme, pouvait en son absence le lui arracher, il tenta de prévenir une guerre civile, en faisant épouser à sa maîtresse son frère cadet, connu dans l'Histoire sous le nom de Ptolemée le jeune. Cet hymen n'annonçait point un partage de la puissance souveraine ; car le jeune Prince n'ayant qu'onze ans, était moins l'époux que le pupille de Cléopâtre. L'ambitieuse Reine consentit d'autant plus volontiers à cet arrangement, qu'elle était la maîtresse, ou d'abréger les jours de Ptolemée, ou de prolonger sa minorité.

César, sous prétexte d'achever de pacifier l'Egypte, passa encore quelques mois aux genoux de Cléopâtre, laissant dormir sa vaste ambition, & oubliant pour quelques nuits voluptueuses, qu'il avait travaillé quarante ans à devenir le maître du monde. La guerre de Pharnace le tira enfin de sa léthargie. Ce Héros alla conquérir le Bosphore, où régnait ce fils de Mithridate. C'est dans cette occasion qu'il envoya ce fameux billet, où il n'y avait que ces trois mots, *veni, vidi, vici :* je suis venu, j'ai vu, j'ai vaincu ; billet à la Spartiate, qui désignait à la fois la vivacité de son esprit, & la rapidité de sa victoire.

Quand César, après cette expédition, fit son entrée dans Rome, il traîna la jeune Arsinoë, sœur de Cléopâtre, enchaînée à son char de triomphe : mais le lendemain de la cérémonie, il lui rendit la liberté, & lui permit de résider où elle voudrait, pourvu que ce ne fût pas en Egypte. Elle choisit l'Asie mineure, & c'est-là qu'après la bataille de Philippes, Cléopâtre, qui redoutait à la fois son génie & sa beauté, la fit mourir sur un ordre de Marc-Antoine. Ses Satellites allèrent chercher l'infortunée dans un temple de Diane, où elle offrait un sacrifice, & l'y assassinèrent.

L'absence ne guérit pas César de sa passion effrénée pour Cléopâtre; il la fit venir à Rome, la logea dans son palais, lui érigea une statue dans le temple de Vénus, & promit de l'épouser pour lui donner le sceptre du monde. Mais pendant que de vils Tribuns préparaient une loi pour satisfaire le caprice du dictateur, Brutus & Cassius vinrent sauver l'opprobre du nom Romain, en l'assassinant.

Cléopâtre, de retour en Egypte, fit couronner à Memphis, avec beaucoup de pompe, le jeune Ptolemée, son époux, qui ſemblait promettre de ne jamais ſortir de ſa tutelle. Malheureuſement pour les jours du Prince, je ne dis pas pour ſa gloire, il ne remplit pas l'attente de l'ambitieuſe amante de Céſar. A peine revenu à Alexandrie, il voulut, par quelques actes de Souverain émanés de lui ſeul, prouver à ſes peuples qu'il était digne de les gouverner. Alors Cléopâtre, dont le génie actif le ſurveillait, le fit empoiſonner dans la quinzième année de ſon âge, & trois ans & demi après que Céſar l'eut placé ſur le trône des Ptolemées. Il faut obſerver que ni ce Prince, ni Denys, ſon prédéceſſeur, ne ſe trouvent dans le fameux Canon aſtronomique qui ſert de baſe à notre Chronologie ; Cléopâtre ſeule y ferme la dynaſtie des Souverains d'Alexandrie. C'eſt que dans les Etats abſolus, le nom de Roi ne devrait être donné qu'à l'être qui gouverne : voilà pourquoi on datera quelques règnes de nos Rois fainéans du nom de leurs Maires du palais, quand le Philoſophe écrira nos annales.

Quand Cléopâtre apprit le meurtre de César, fière d'avoir de ce Héros un fils destiné à lui succéder dans l'Empire du monde, elle se rangea du côté des Triumvirs, ses vengeurs. Marc-Antoine, le plus considéré d'entr'eux par ses talens militaires, vainquit à Philippes Brutus & Cassius, les derniers des Romains, & se rendit ensuite en Cilicie, pour y recevoir les hommages de l'Orient. Cléopâtre y parut avec les Rois de l'Asie. Le Triumvir, instruit par sa renommée, prépara sa raison contre ses charmes; mais elle parut, & il fut subjugué.

L'Histoire nous a conservé les détails du voyage de la Reine d'Egypte. Quand elle se rendit d'Alexandrie à Tarse, en Cilicie, où résidait Marc-Antoine, à l'approche du fleuve Cydnus, elle monta sur une galère, dont la construction réunissait la richesse du siècle de Sardanapale, avec le goût de celui d'Alexandre. La poupe étincelait des lames d'or dont elle était revêtue; les voiles étaient de pourpre,

& les rames ſculptées en argent. On avait dreſſé ſur le tillac, un pavillon d'un tiſſu d'or, ſous lequel repoſait Cléopâtre habillée en Vénus, & dans l'attitude la plus voluptueuſe; à ſes côtés, les plus beaux enfans des deux ſexes qui compoſaient ſa cour, jouaient le rôle des Graces, des Néréïdes & des Amours : au lieu des trompettes guerrières dont retentiſſent les vaiſſeaux armés pour les combats, les flûtes & les lyres jouaient ſur des modes efféminés des airs mélodieux, qui n'étaient interrompus dans les ſilences que par le mouvement meſuré des avirons qui frappaient les flots en cadence. Enfin, pour faire jouir tous les ſens à la fois dans ce temple de la volupté, une multitude de vaſes du plus grand prix renfermaient du bois de Cèdre embrâſé, ſur lequel on brûlait des aromates.

A l'approche de ce vaiſſeau, Tarſe toute entière ſortit de ſes remparts, pour jouir d'un ſpectacle qui lui rappellait tous les enchantemens de la Mythologie Orientale. Antoine donnait alors audience au peuple, & il vit tout-à-coup ſon tribunal abandonné, ſans qu'il reſtât d'autres perſonnes auprès de lui, que ſes licteurs & ſes eſclaves.

La premiere entrevue que le Triumvir eut avec Cléopâtre, fut l'écueil de ſa vertu. Il conçut pour elle un goût effrené, qui ne finit qu'avec ſa vie, & qui l'accéléra ſans doute. Cet amour énerva ſon génie, donna d'autres élémens à ſon ambition, & laiſſa échapper de ſa main le ſceptre du monde, qu'Auguſte ramaſſa pour le malheur de ſa République.

Cléopâtre au reſte, il faut l'avouer, réuniſſait à la beauté la plus éclatante, toutes les graces de l'eſprit qui ſuppléent à ſon abſence; & cet eſprit était bien plus cultivé qu'on ne peut l'imaginer, d'après l'éducation ordinaire des deſpotes. Les Hiſtoriens diſent qu'elle poſſédait une foule de Langues; outre l'Egyptien & le Grec, les Langues de ſon pays, elle parlait l'Ethyopien, le Troglodyte, l'Arabe, l'Hébreu, le Syrien, le Mède, le Parthe, & ſur-tout le Latin, devenu par les conquêtes de Rome, l'idiôme univerſel des vaincus & des vainqueurs. Tous les Rois de l'Orient raſſemblés à Tarſe, étaient dans l'extaſe quand ils entendaient cette Reine converſer avec eux dans leur Langue naturelle; mais ils diſſimulaient leur admiration, pour ne pas éveiller la jalouſie de Marc-Antoine.

Cléopâtre épuiſa ſon génie en fêtes & en ſpectacles, pour retenir le Triumvir dans ſes chaînes. Les ſeuls feſtins qu'elle lui donna, rappellent tout ce que l'antiquité a dit de plus merveilleux de la magnificence de Créſus, & du luxe des Sybarites. On ne ſervait que dans des vaſes d'agathe, ou d'or ciſelé: les lits ſur leſquels les convives repoſaient étaient de bois de Cèdre, couvert d'étoffes d'or: on jonchait le parquet de roſes dans une ſaiſon qui n'en porte point, & d'ordinaire après le repas, Cléopâtre faiſait préſent à ceux qu'elle y avait appellés, des coupes où ils avaient bu, des lits où ils avaient reposé, & même des esclaves de l'un & l'autre sexe qu'ils avaient adoptés durant le service.

Marc-Antoine, qui jusqu'alors n'avait eu aucune idée du luxe de l'Orient, voulut rendre à Cléopâtre les fêtes somptueuses qu'elle lui donnait; & à cette occasion, il ruina l'Asie. Les impôts qu'il mit sur les villes, occasionnèrent un grand nombre de séditions. Il y en eut entr'autres une si violente dans l'Isle d'Arad, que Salassus, l'Intendant du Triumvir, fut brûlé vif par les habitans : ce qui ne corrigea ni Antoine de ses avides concussions, ni les tyrans subalternes de leurs violences.

Le Roman des amours d'Antoine se dénoua enfin par le mariage. Ce Romain, quoique Fulvie sa femme vécût & ne lui eût donné aucun prétexte de divorce, épousa solemnellement la Reine d'Egypte, & vint célébrer ses noces à Alexandrie.

C'est dans une des fêtes qui accompagnèrent cet étrange mariage, qu'arriva l'anecdote (si suspecte malgré sa célébrité) de la perle de Cléopâtre. La Reine d'Egypte raillait, avec sa finesse ordinaire, le Triumvir, sur l'appareil un peu Spartiate de ses repas. Antoine, piqué, demanda s'il était possible d'ajouter à leur magnificence. *Sans doute*, répondit froidement Cléopâtre ; *je m'offre à dépenser un million dans un seul souper* (*a*). Le jour pris, & Plancus nommé arbitre, la Reine fait servir un festin, qui, quoique superbe, n'offrait rien d'extraordinaire à des yeux aussi blasés que ceux d'Antoine. Déjà le Romain s'applaudissait, & demandait avec ironie, combien il y aurait encore de services pour que les frais allassent à un million. *Attendez*, dit Cléopâtre, *c'est moi seul qui veux avoir la gloire de dépenser le million*. Alors elle se fait

(*a*) Le texte latin est *centies centena millia sestertiûm :* mais il ne s'agit pas ici de faire une évaluation exacte ; il ne faut qu'un équivalent, pour déterminer le sens de l'anecdote.

apporter

apporter une coupe remplie de vinaigre, détache une de ses perles d'un prix inestimable, la laisse dissoudre dans le fluide corrosif, & l'avale. Elle était sur le point de faire subir à l'autre le même sort, quand Plancus lui arrêta la main, & déclara Antoine vaincu. Cette seconde perle était si prodigieuse, qu'Auguste, dans la suite, la fit scier en deux, & en forma deux pendans d'oreilles pour une statue de Vénus qui décorait le Panthéon. La Déesse de la beauté se trouva trop heureuse de pouvoir s'embellir de la moitié de la parure de Cléopâtre.

La Reine d'Egypte appréhendant qu'Antoine, blasé sur ses jouissances, ne lui échappât un jour, ne le quittait jamais: elle chassait avec lui; elle représentait à ses côtés, dans les audiences qu'il donnait aux Ambassadeurs; elle lui tenait tête jusques dans les orgies licentieuses où le Triumvir s'abandonnait à la double ivresse de l'amour & du vin. Son but était de dérober son Amant à l'ennui qui tue les grandes paſſions, & elle y réuſſiſſait en parlant tour-à-tour à ſon eſprit & à ſes ſens, en faiſant ſuccéder des plaiſirs doux à des plaiſirs tumultueux, & en ſauvant l'uniformité du ſentiment par les éclats bruyans de la gaîté.

Antoine pêchait un jour à la ligne ſur les bords du Nil, & ne prenait rien, ce qui mortifiait ſon amour-propre; car Cléopâtre était préſente, & il ne voulait manquer devant elle ni de bonheur, ni d'adreſſe. A la fin, il s'aviſa de commander ſecrètement à quelques Matelots de nager entre deux eaux, & d'attacher avec adreſſe à ſon hameçon, un des plus gros poiſſons qu'on pêche d'ordinaire dans le fleuve. L'ordre s'exécuta, & Antoine s'applaudit de ſa dextérité. Un tel manège n'échappa pas aux yeux clairvoyans de la Reine. A la pêche ſuivante, ayant mis toute la cour dans ſon ſecret, au moment où le Triumvir jettait ſa ligne, elle fit plonger à quelque diſtance un de ſes eſclaves, qui alla charger l'hameçon d'un de ces gros poiſſons ſalés qu'on ne trouve que dans les mers du Pont ou du Boſphore : dès qu'Antoine ſentit le poids nouveau de ſa ligne, il s'empreſſa de la retirer ; mais les éclats de rire des ſpectateurs lui apprirent qu'il avait été deviné & vaincu dans ſes ſtratagêmes. Alors Cléopâtre voulant ſauver au Romain, ce qu'il y avait d'amer dans ſa plaiſanterie : « Mon Général, lui dit-» elle, abandonnez-nous la ligne, à nous » petits Souverains obſcurs de Canope & » du Phare ; votre pêche à vous eſt de » prendre les villes & les empires du » globe ».

L'eſprit de Cléopâtre ne ſe bornait pas au reſte à travailler au bonheur d'Antoine ; elle profita de ſon aſcendant ſur le Triumvir, pour réparer le tort qu'avait fait aux lumières l'incendie de la bibliothèque des Ptolemées, & elle ſe fit donner celle du Roi de Pergame, qui montait à deux cents mille volumes ; ce qui empêcha ce vaſte dépôt des connaiſſances humaines de ſe perdre, en ſe diviſant. Le goût réfléchi de la Reine d'Egypte pour les arts, a un peu affaibli aux yeux de la postérité, l'indignation profonde qu'ont dû lui faire naître le scandale de ses amours & l'attrocité de ses assassinats.

DÉFAITE ET MORT

D'ANTOINE.

CONQUETE DE L'EGYPTE.

FIN DE CLÉOPATRE, ET DE LA MONARCHIE DES PTOLEMÉES.

ANTOINE, voyant le Triumvirat ſur le point d'être diviſé, & les Parthes menaçant le repos de l'Empire, ſe ſouvint enfin qu'il était Romain; il s'arracha des bras de Cléopâtre, & vint ſe montrer à ſa République. Pendant ſon voyage, Fulvie, ſa première femme, mourut; & il épouſa Octavie, veuve de Marcellus, & ſœur d'Auguſte. Octavie, une des femmes les plus accomplies de ſon ſiècle, était une héroïne à la façon des Lucrèce & des Porcie; mais un cœur dégradé par les viles habitudes de la débauche, n'était pas fait pour ſentir les jouiſſances pures & ſublimes d'un amour vertueux. Cependant il s'écoula plusieurs années sans qu'Antoine trouvât l'occasion d'être infidèle. L'illustre Romaine lui donna dans l'intervalle deux enfans, & elle s'applaudissait d'avoir rendu son époux à la patrie & au monde que son ambition voulait gouverner. Tout-à-coup l'éloignement d'Octavie ralluma dans le cœur du Triumvir des feux mal éteints. Il était alors en Syrie, prêt à faire la guerre aux Parthes. Il manda à Cléopâtre de venir le trouver, & pour prix de sa complaisance, il osa, malgré l'indignation Romaine toute prête à s'exhaler, lui faire présent des Isles de Chypre & de Crète, de la Libye, du Royaume de Cyrène, de la Phénicie, & d'une grande partie de la Cilicie; peu de temps après il y joignit le canton de la Judée, qui porte le baume, & le pays des Nabatéens, en Arabie, qui s'étend jusqu'à l'Océan. L'Egypte, à la honte des mœurs du siècle, acquérait alors, grace aux amours de Cléopâtre, une étendue qu'elle n'avait jamais pu devoir au génie guerrier du premier des Ptolemées, & à la sage politique de Philadelphe. Mais un Etat qui s'agrandit dans le période de sa décadence, ne pouvant exister ainsi qu'en divisant le peu de principes de vie qui lui restent encore, ne fait qu'accélérer sa chûte : aussi les puissances de l'Orient n'eurent pas le temps d'être jalouses de la prospérité de l'Egypte; au moment où elles en apprenaient les détails par la renommée, cette Monarchie n'était plus.

Cléopâtre, accompagna Antoine jusqu'à l'Euphrate, & revint dans ses états par la Palestine, qu'elle voulut traverser. Hérode qui régnait alors, & qui masqua toujours sa férocité du nom de politique, après avoir accueilli cette Princesse dans Jérusalem, voulut l'y faire assassiner. Il colorait son projet de perfidie, du dessein de venger l'Orient des maux que cette Reine lui avait faits, & de prévenir ceux qu'elle lui destinait encore. Mais la crainte d'Antoine le retint, & le crime ne s'exécuta pas. Hérode & Cléopâtre étaient destinés à être encore quelque temps les fléaux, l'un de l'Egypte & l'autre de la Palestine.

L'expédition d'Antoine contre les Parthes, eut le succès le plus malheureux; il revint cacher son opprobre dans les remparts d'Alexandrie; & toujours plus épris de Cléopâtre, il voulut lui donner la Monarchie universelle. Le jour destiné à cette espèce d'apothéose, le peuple eut ordre de s'assembler dans l'hypodrome; là, fut élevé un échafaud revêtu de lames d'argent, sur lequel on dressa deux trônes d'or massif, un pour Antoine, & l'autre pour la Reine d'Egypte. Le Triumvir, après une harangue faite pour disposer les esprits, proclama solemnellement Cléopâtre Reine des Rois, & Césarion, l'aîné de ses fils, héritier de la prétendue Monarchie du globe. Quant aux trois enfans que le Romain avait eus de la Reine, il se contenta de leur assigner des appanages. Alexandre, l'aîné de tous, fut déclaré Roi d'Arménie, & de toutes les contrées qui s'étendent depuis l'Euphrate jusqu'aux Indes. Ptolemée eut la Syrie & la grande Péninsule de l'Asie Mineure. Cyrene, la Libye & l'intérieur de l'Afrique, furent réservés à la jeune Cléopâtre. Après cette absurde cérémonie, pour que l'Orient ne prît point les Princes qu'il venait de couronner pour des Rois de théâtre, Antoine eut la démence d'en faire part à Rome, pour obtenir l'agrément de sa République. Cette démarche acheva de laisser échapper de ses mains le sceptre du monde, que jusqu'alors Auguste avait à peine osé lui disputer.

Plus Antoine se voyait abandonné de ses amis, plus livré à lui-même & à Cléopâtre, il se rendait vil. Un des derniers crimes que sa passion effrenée pour la Reine d'Egypte lui fit commettre, fut la répudiation de la sensible & vertueuse Octavie. Cette Romaine, chassée par d'infâmes satellites, de la maison de ſon époux, en ſortit toute éplorée, ſes enfans dans ſes bras, ſans maudire l'homme injuſte & barbare qui faiſait ſes malheurs, & priant la patrie de ne point lui imputer, ſi elle était le prétexte d'une guerre civile.

L'adroit Auguſte, pour ne point irriter les partiſans ſecrets du Triumvir, répandit un manifeſte, où il était cenſé ne déclarer la guerre qu'à Cléopâtre. Celle-ci arma à l'inſtant, & fournit à Antoine une flotte de deux cents vaiſſeaux, avec vingt mille talens (plus de cent huit millions de notre monnaie), pour la ſolde d'une partie de ſon armée. Après ces préparatifs, voyant le dénombrement de toutes les troupes que le Triumvir, ſon amant, attendait de l'Europe & de l'Aſie, elle ſourit avec dédain, comme Xerxès, ſur le petit nombre d'ennemis qu'elle avait à combattre, ſe promettant de marcher bientôt en Italie, de remplacer par les eunuques de ſon palais, les Sénateurs de Rome, & d'entrer par la brèche dans les murs du Capitole.

Cléopâtre cependant à qui la nature avait donné aſſez de génie, pour amuſer les héros qu'elle tenait dans ſes chaînes, n'en avait pas aſſez pour les remplacer dans les combats. Tout ce qu'elle fit dans cette guerre mémorable (*a*), annonçait à la fois ſon inexpérience & ſa puſillanimité; elle confia, malgré les remontrances d'un conſeil de guerre la deſtinée d'Antoine, aux haſards d'un combat naval, tandis que ſon armée de terre, compoſée de vieux ſoldats, vainqueurs de Mithridate, de Tigrane, & de toutes les puiſſances de l'Orient, était ſûre de la victoire. Et quand la fameuſe bataille

(*a*) Il ſerait injuſte de nous demander à cet égard de grands détails : la bataille d'Actium, qui fit paſſer la première des Républiques ſous le joug d'une dynaſtie entière de deſpotes, les crimes mêmes & les malheurs d'Antoine appartiennent excluſivement à l'Hiſtoire de l'ancienne Rome, & ces grands évènemens ne doivent être qu'indiqués dans une Hiſtoire des Ptolemées.

d'Actium se donna, peu tranquille au centre d'une flotte qui portait deux cents mille soldats, tandis que celle de l'ennemi en avait à peine quatre-vingt mille, elle prit la fuite avant l'approche du danger, entraînant Antoine avec elle, & cingla en désordre vers le Péloponèse.

Le Triumvir semblait quelques jours auparavant, s'attendre à une pareille perfidie. Effrayé des pressentimens sinistres de ses Généraux, sur la lâcheté des Egyptiens, il se tenait en garde contre Cléopâtre elle-même, & ne mangeait d'aucun aliment que ses esclaves n'en eussent fait l'essai. La Reine d'Egypte eut l'audace de le guérir d'une pareille défiance, en feignant d'attenter elle-même à sa vie. Dans un festin somptueux qu'elle lui donna, elle fit empoisonner les fleurs qui composaient sa couronne; le moment venu de tremper ses fleurs dans des coupes d'un vin précieux, chaque convive ayant satisfait à cet usage antique, Antoine plongea, à leur exemple, sa

couronne dans une coupe d'or, & s'apprêta à boire : « Arrête, cher amant, lui dit Cléo-
» pâtre, ces fleurs sont impregnées du plus
» subtil des poisons, & ce poison je l'ai
» préparé moi-même de mes mains ; je
» suis, tu le vois, l'arbitre suprême de ta
» destinée ; mais tu peux te fier à ma ten-
» dresse ; tes jours seront toujours sacrés
» pour l'être sensible qui ne peut vivre
» sans toi ». Cléopâtre, sans attendre la réponse du Triumvir, fit avaler le breuvage à un criminel condamné à mort, & il expira en quelques minutes.

Les suites de la bataille d'Actium ne furent pas moins fatales aux citoyens d'Alexandrie, qu'à la faction Romaine qui tenait pour Antoine. Cléopâtre avait fait voile vers cette ville, avant que la renommée pût y publier sa défaite. Elle eut la stupide insolence de décorer ses vaisseaux fugitifs, de banderolles & de guirlandes, & d'entrer dans le port au bruit des trompettes militaires, qui accompagnaient des chants de victoire.

Il ne fallut que quelques heures pour dévoiler l'imposture ; alors, tout ce qui n'était pas adulateur dans la capitale, se permit des railleries contre sa Souveraine. Celle-ci se vengea en exilant une partie des citoyens qui lui étaient suspects, & en envoyant les autres au supplice.

La vue des échafauds ne rend pas le courage à une nation abâtardie. Cléopâtre pressentant que tôt ou tard sa Monarchie passerait au pouvoir des Romains, voulut du moins mettre en sûreté ses trésors, dont elle faisait plus de cas que de ses peuples. Elle fit creuser un canal au centre de l'isthme de Suez, pour unir la Méditerranée & la mer Rouge. Son plan était de se ménager une route nouvelle vers le golfe Arabique, afin d'avoir un asyle, dans quelque plage inconnue, contre la tyrannie des conquérans du globe. Mais les Arabes des environs de Petra, dont les vaisseaux qui devaient croiser sur le canal, auraient éclairé les brigandages, brûlèrent la flotte Egyptienne, qui protégeait ce grand ouvrage, & Cléopâtre fut contrainte d'abandonner son entreprise.

Cependant Auguste n'abandonnait pas les fruits de sa victoire, il marchait à grands pas vers Alexandrie. Cléopâtre effrayée, engagea Antoine à lui envoyer une Ambassade, pour traiter de la paix; & en même-temps elle lui députa, à l'insçu du Triumvir, quelques négociateurs adroits, chargés de lui offrir la couronne de l'Egypte, s'il voulait seulement l'honorer de son amitié. Auguste ne voulut point recevoir les Ambassadeurs du Romain; mais il dit en particulier à ceux de la Reine, qu'il lui laisserait son scèptre & ses états, si elle voulait lui envoyer la tête d'Antoine.

Cléopâtre vit bien qu'il n'y avait aucun trait de générosité à attendre de l'homme féroce, qui demandait à une femme sensible la tête de son amant, & elle se détermina à mourir; elle fit l'essai de tous les poiſons connus, ſur des criminels condamnés au ſupplice, & ces expériences lui apprirent que la piqure des ſerpents conduiſait à une mort douce & tranquille; parmi ces reptiles venimeux, elle choiſit l'aſpic, parce que le venin qu'il diſtille, en coagulant le ſang, n'amène qu'une léthargie graduée, pendant laquelle s'éteint doucement la vie : cette léthargie même, comme celle que cauſe l'opium pris à une doſe modérée, a tant de charmes pour le mourant, qu'il regarde comme un ſupplice quand on le réveille. Cléopâtre ſe détermina donc à ſe faire piquer par un aſpic, pour ne ſe réveiller jamais.

Dans l'intervalle du projet du ſuicide, & de ſon exécution, Auguſte ſe préſenta avec ſon armée devant Péluſe, & Séleucus, Gouverneur de cette place, ſur un ordre ſecret de ſa Souveraine, lui en ouvrit les portes, avant que les Romains en euſſent ouvert le ſiège. Alexandrie murmura; alors Cléopâtre, pour ſe laver du ſoupçon d'intelligence avec Auguſte, eut la perfidie de livrer à Antoine la femme & les enfans de Séleucus, afin qu'il les envoyât au ſupplice.

La Reine d'Egypte, à en juger par les faits, n'était point une femme à grand caractère; elle ne ſavait faire ni le bien ni le mal avec énergie. Aſſez faible pour trahir Antoine, mais incapable de la ſcélérateſſe néceſſaire pour l'aſſaſſiner, elle épuiſa toutes les reſſources de ſon eſprit à ſubjuguer le cœur inacceſſible d'Auguſte, ou à ravir à la vanité de ce tyran, l'eſpoir de la mener en triomphe au Capitole. L'hiſtoire de cette Reine infortunée va donc ſe réduire au tableau de ſon manege, pour ſéduire le vainqueur de l'Egypte, ou au récit des apprêts de ſon ſuicide.

D'abord Cléopâtre qui connaiſſait toute l'avare cupidité d'Auguſte, tenta de lui faire craindre, que, dans ſon déſeſpoir, elle ne ſe brûlât avec tous ſes tréſors, comme Sardanapale. A cet effet, elle envoya dans un magnifique mauſolée qu'elle avait fait bâtir, non loin du temple d'Isis, son or, ses pierreries, & les meubles les plus précieux de son palais; & elle fit placer dans une salle inférieure, du bois aromatique, avec toutes sortes de matières combustibles, destinées à l'embrâsement d'un bûcher. Le vainqueur d'Actium le scut, & non moins adroit dans sa politique que la Reine d'Egypte, il lui envoya Thyrsus, le plus beau de ses affranchis, pour la détourner d'un projet si funeste. Le stratagême réussit. Cléopâtre, à force de voir ce négociateur, dont la figure charmante, & l'adolescence ingénue, semblaient plus faites pour l'agent de l'Amour, que pour celui de la politique, commença à attacher quelque prix à la vie. Peut-être même que dans un moment de délire, elle se permit d'oublier l'intervalle immense qui séparait l'amante de César, d'un homme dont le front était encore empreint des stigmates de l'esclavage. Quoiqu'il en soit, Antoine jaloux fit arrêter son rival, ordonna qu'on le battît de verges, & le renvoya les fers aux pieds au camp d'Auguſte.

Dans l'intervalle, les Romains achevaient la conquête de l'Egypte; ils ſe préſentèrent devant Alexandrie, & campèrent dans l'hypodrome. Dès le lendemain, on fit de part & d'autre les apprêts d'un combat naval; mais à peine les deux flottes furent-elles en préſence, que l'Egyptienne, commandée par l'Amiral de Cléopâtre, baiſſa ſon pavillon, & ſe rendit ſans combattre. Ce dernier trait de perfidie ne put deſſiller les yeux du Triumvir. Trahi avec tant d'audace par celle à qui il avait confié quarante ans de gloire, & les droits les plus légitimes au trône du monde, il aima encore mieux mourir que de la trouver criminelle.

Cependant Cléopâtre, retirée dans ſon mauſolée, non loin des tombeaux des Ptolemées, avec un ſeul eunuque & deux de ſes femmes, avait ordonné qu'on murât les portes du dernier aſyle qui ſemblait lui reſter, & faiſait les apprêts de ſon ſuicide; la nouvelle en fut portée à la fois à Auguſte & à Antoine.

Antoine devenu Romain, par l'excès même de ſes malheurs, regretta qu'une femme lui apprît à mourir; il ordonne à Eros, le plus fidèle de ſes eſclaves, de le tuer; celui-ci, plus grand encore que ſon maître, tire ſon poignard, ſe frappe lui-même, & expire à l'inſtant. Alors le Triumvir ne balance plus; il plonge ſon épée dans ſon ſein, & tombe mourant ſur un lit de repos.

La bleſſure était mortelle; mais le ſang s'étant figé autour de la plaie, l'infortuné ſentit bientôt qu'il ne lui reſterait de forces que pour ſouffrir. Au milieu de ſes anxiétés cruelles, Diomède, un des Officiers de la Reine, ſe préſente, & le prie de ſa part de venir mourir avec elle. Au nom de Cléopâtre, ſa doulęur paraît ſuſpendue, ſes yeux étincellent de plaiſir; il ſouffre qu'on panſe ſa bleſſure, & ſe fait tranſporter au mauſolée.

Nous avons vu que la porte du monument venait d'être murée. Cléopâtre paraît à une fenêtre élevée, jette une eſpèce d'échelle de corde où on attache l'infortuné Triumvir, & à l'aide de ſon Eunuque & de ſes deux femmes, le tire au haut du mauſolée. Il était difficile de voir un ſpectacle plus touchant pour les ames ſenſibles. D'un côté, Antoine couvert de ſang, à demi-ſoutenu par des cordes tremblantes, qui tournait ſes yeux mourans vers ſon Amante, comme pour la conjurer de recueillir ſon dernier ſoupir, avant qu'il le vît s'exhaler; de l'autre, Cléopâtre échevelée & la mort dans le ſein, à qui un reſte d'amour doublait les forces de la nature, & qui, le viſage tendu & les bras roidis, tirait l'échelle avec effort, tandis que le peuple aſſemblé aux pieds du tombeau encourageait ſa Souveraine, par ſes cris, à ne point ſuccomber ſous un tel fardeau. Il était difficile de voir un pareil tableau, ſans être profondément ému, & ſans regretter que l'Héroïne, qui ſavait ainſi aimer, eût dégradé ſa tendreſſe par tant de perfidies.

Antoine arrivé au haut du monument funèbre, peut à peine reſpirer. Cléopâtre le place ſur un lit, étanche ſon ſang avec ſa robe la plus précieuſe, & en collant ſa bouche ſur ſes lèvres livides, cherche pour ainſi dire à arrêter ſon ame au paſſage. L'infortuné expirait, quand il parut, à la porte du mauſolée, un Ambaſſadeur d'Auguſte.

Cet Ambaſſadeur, qui avait ordre de ſe rendre maître de la perſonne de Cléopâtre, avant qu'elle attentât à ſa vie, ſous prétexte de porter à la Reine des paroles de paix, vint examiner le monument pour y entrer par ſtratagême; quand ſon plan fut arrêté, il retourna auprès d'Auguſte, & revint enſuite au mauſolée avec main forte. Gallus, le complice de ſa fourberie, eut ordre de lier une converſation ſuivie avec Cléopâtre, au travers des fentes de la porte qui, étant mal murée, donnaient paſſage à la voix : pendant ce temps-là, l'Ambaſſadeur approche une échelle du mur, entre avec quelques Officiers par la fenêtre qui avait ſervi au paſſage du corps d'Antoine, & ſe rend maître de l'intérieur du monument. L'infortunée Reine ſe retourne, voit le Romain, & veut ſe percer du poignard qu'elle portait à ſa ceinture; mais celui-ci le lui arrache, & ſecoue ſa robe, de peur qu'elle ne recèle du poiſon. Auguſte averti, commande à Epaphrodite de la garder à vue, mais en lui rendant tous les honneurs dus à une Souveraine, & en lui laiſſant la liberté de célébrer au gré de ſon cœur & de ſa magnificence, les funérailles d'Antoine.

Quelques jours après, le vainqueur d'Actium entra en triomphe dans Alexandrie, & vint faire une viſite à Cléopâtre. La Reine, en ce moment critique, épuiſa tout le manège de la coquetterie la plus rafinée, pour faire tomber à ſes pieds ce nouvel Eſclave. Elle lui montra les portraits de César, son père d'adoption, lui lut quelques-unes de ses lettres qu'elle tenait toujours cachées dans son sein, & dans un moment où elle le crut ému, pour achever son triomphe, s'élança à demi-nue de son lit, sous prétexte d'embrasser ses genoux, mais en effet, afin de lui montrer, presque sans voile, les formes heureuses d'un corps qui le cédait à peine à la beauté idéale des tableaux de Vénus; l'artifice ne réussit point. Auguste, tout entier aux tourmens de l'ambition, ne laissait aucune place dans son cœur aux douces faiblesses de l'amour; il ne répondit à Cléopâtre qu'avec une politesse insultante pour une femme qui s'abandonne, & dès-lors l'infortunée songea tout de bon à mourir.

Au moment fixé pour le dénouement de cette singulière tragédie, Cléopâtre fit sortir tout le monde de son appartement, excepté deux femmes confidentes de son secret terrible : on lui apporta une corbeille pleine de fruits, parmi lesquels on avait gliſſé un aſpic ; l'Héroïne tendit ſon bras avec courage au reptile, & dès qu'elle ſe ſentit piquée, elle ſe jetta ſur un lit de repos, où elle mourut, quelques minutes après, ſans douleur. Cette Princeſſe avait alors environ trente-neuf ans, & elle en avait régné vingt-deux, depuis la mort de ſon père. Le lendemain de ce grand événement, on abattit dans Alexandrie, toutes les ſtatues d'Antoine ; pour celles de Cléopâtre, elles furent reſpectées, non qu'Auguſte ſe piqua de générosité envers la cendre d'une Reine que ſon père avait tant aimée, mais parce qu'un Egyptien, dont l'infortunée avait été la bienfaitrice, acheta mille talens (plus de cinq millions quatre cents mille livres) le droit d'empêcher qu'on ne fît un pareil outrage à ſa mémoire.

A la mort de Cléopâtre, l'Egypte fut réduite en Province Romaine. La Monarchie des Ptolemées avait duré 294 ans (*a*),

(*a*) Les faſtes de l'Egypte ſont ſi eſſentielle-

puiſque ſa dernière Souveraine, au témoignage de tous les Hiſtoriens de l'antiquité, s'empoiſonna l'an 1552 de l'ère de Paros, qui concourt avec la troiſième de la cent quatre-vingt-ſeptième olympiade.

---

ment liés avec ceux de la Syrie, que pour ne point répéter deux fois le même tableau, nous réunirons enſemble dans le volume ſuivant, la Chronologie des Ptolemées & celle des Séleucides.

Fin de l'Hiſtoire des Ptolemées.

TABLE
DES CHAPITRES

Fin de la Table des Chapitres.

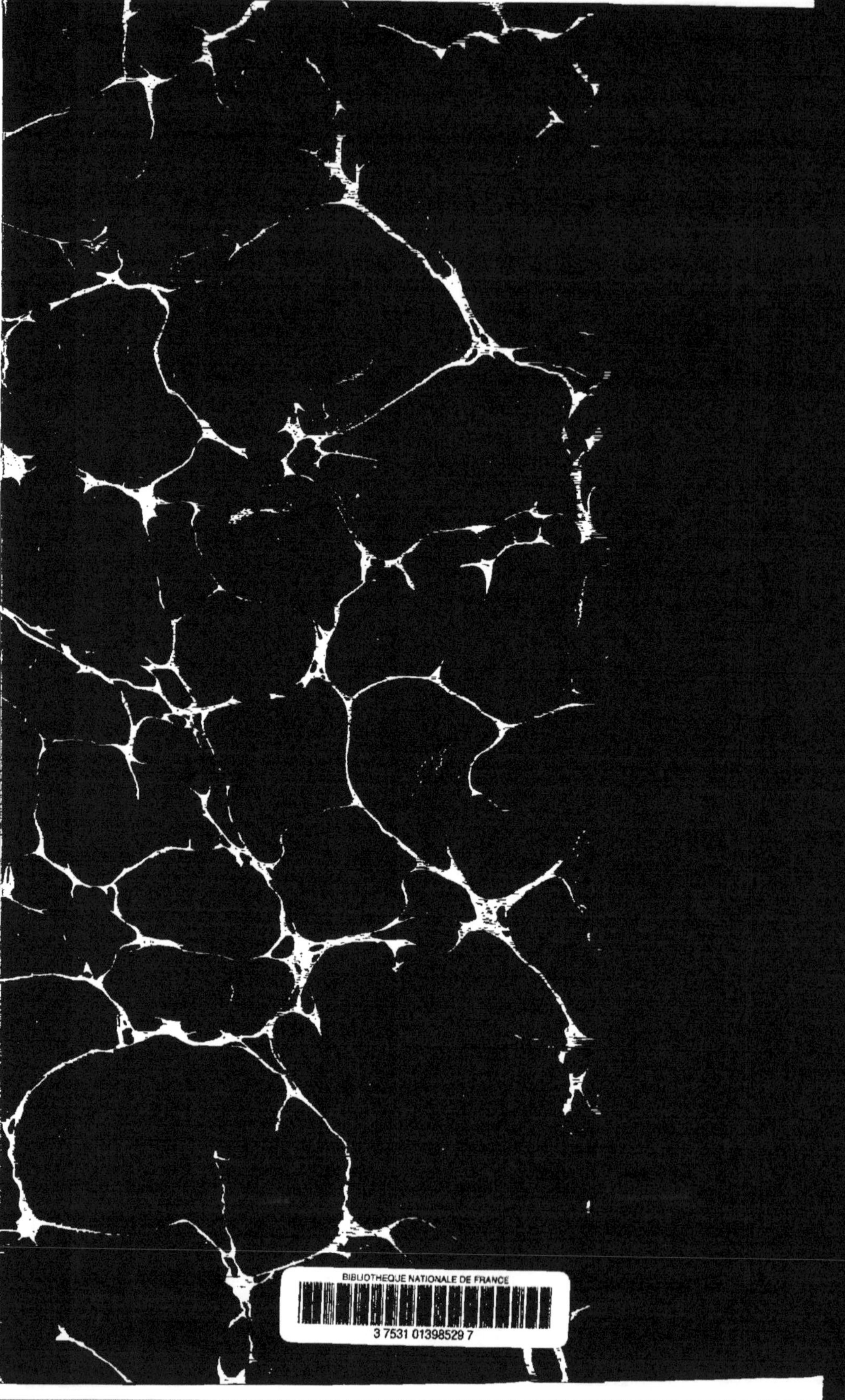

www.ingramcontent.com/pod-product-compliance
Ingram Content Group UK Ltd
Pitfield, Milton Keynes, MK11 3LW, UK
UKHW020159250726
13967UKWH00003B/1149